Anika Friese

Öffentlichkeitsarbeit und ihre Strategien der Vertrauensförderung

Eine Analyse am Beispiel des ADAC

Diplomica Verlag GmbH

Friese, Anika: Öffentlichkeitsarbeit und ihre Strategien der Vertrauensförderung. Eine Analyse am Beispiel des ADAC, Hamburg, Diplomica Verlag GmbH 2017

Buch-ISBN: 978-3-96146-521-7
PDF-eBook-ISBN: 978-3-96146-021-2
Druck/Herstellung: Diplomica® Verlag GmbH, Hamburg, 2017

Bibliografische Information der Deutschen Nationalbibliothek:
Die Deutsche Nationalbibliothek verzeichnet diese Publikation in der Deutschen
Nationalbibliografie; detaillierte bibliografische Daten sind im Internet über
http://dnb.d-nb.de abrufbar.

© Diplomica Verlag GmbH
Hermannstal 119k, 22119 Hamburg
http://www.diplomica-verlag.de, Hamburg 2017
Printed in Germany

Inhaltsverzeichnis

Einleitung

Unternehmen werben um das Vertrauen ihrer Kunden und Parteien um das der Wähler. Regierende stellen die Vertrauensfrage, und Banken oder gar ganze Staaten können mit Vertrauenskrisen konfrontiert werden. Vertrauen muss der Einzelne aber auch in seinen Partner oder ganz einfach darauf, dass der Zug pünktlich kommt. Vertrauen ist damit Bestandteil des täglichen Lebens und macht die Teilnahme an diesem erst möglich. „Vertrauen ist jederzeit aktuell" (MAÊJKOVÁ 2009: 46).

Die immense Bedeutung des Phänomens Vertrauen für das zwischenmenschliche und gesellschaftliche Miteinander wird oft erst dann deutlich, wenn es abhandengekommen ist. Ein anschauliches Beispiel der jüngeren Vergangenheit stellt der öffentliche Vertrauensverlust zum Allgemeinen Deutschen Automobil-Club e.V. (ADAC) dar. Der Verein zählte jahrelang zu den vertrauenswürdigsten Institutionen Deutschlands, rechnerisch war jeder dritte Deutsche Vereinsmitglied und verkehrspolitisch war am Automobilclub nicht „vorbeizuregieren" (KONTIO 2013). Ab Januar 2014 erschütterte ein durch Manipulationen beim Leserpreis „Gelber Engel" ausgelöster Skandal den Verein (s. Kap. 4.1). Die Vertrauenswerte bei den Vereinsmitgliedern und der Bevölkerung insgesamt sanken (INSTITUT FÜR DEMOSKOPIE ALLENSBACH 2014), Mitgliederabwanderungen und anhaltende Kritik von Stakeholder-Seite[1] waren die Folge. Der ADAC muss sich seither darum bemühen, verlorengegangenes Vertrauen zu rekonstruieren (ADAC E.V. 2014).

Für den ADAC stellt sich damit die Frage, wie er Vertrauen systematisch fördern kann. Hier liegt der Ansatzpunkt der vorliegenden Arbeit. Ausgehend von der Annahme, dass es vor allem der Bereich der Öffentlichkeitsarbeit ist, der funktional mit dem organisationalen Bemühen um Vertrauen zusammengebracht wird, soll untersucht werden, mithilfe welcher persuasiver Strategien Public Relations (PR) Vertrauen bei relevanten Bezugsgruppen fördern will und wie diese Strategien sprachlich ausgestaltet sind. Ein kontrastiver Vergleich erscheint dafür zweckdienlich: Eine Periode der stabilen Vertrauensbeziehung – vor dem „Gelben Engel"-Skandal: im Folgenden als **Analysezeitraum I** bezeichnet – wird einer Periode, die durch eine Vertrauenskrise gekennzeichnet ist – nach den Skandal-Enthüllungen: **Analysezeitraum II** – gegenübergestellt. Die Kontras-

---

[1] Der Begriff Stakeholder beschreibt „Gruppen der Organisationsumwelt" (SZYSZKA [3]2015c: 1153) wie Lieferanten, Kunden, Kapitalgeber, etc. Er kann im weiteren Sinne mit dem Begriff der Bezugsgruppe gleichgesetzt werden. Siehe dazu Kap. 2.1.

tierung der Ergebnisse soll veranschaulichen, ob, und wenn ja, inwiefern Anforderungen an die systematische Vertrauensförderung phasenabhängig differieren.

Thesen

Das Anliegen der vorliegenden Arbeit ist es, Persuasionsstrategien der Vertrauensförderung in der Öffentlichkeitsarbeit zu identifizieren. Damit lassen sich zwei grundlegende Annahmen festhalten: Erstens, Vertrauensförderung als strategische Persuasionsabsicht findet im Rahmen von PR statt; und zweitens, Vertrauensförderung kann sprachlich realisiert werden.

Hinsichtlich der Ausprägung und Ausgestaltung der persuasiven Strategien können darauf aufbauend folgende Hypothesen festgehalten werden:

1. Es wird angenommen, dass die Persuasionsstrategien der Vertrauensförderung vor dem Hintergrund einer phasendurchlaufenden Entwicklung von Vertrauen im kontrastiven Vergleich der Analysezeiträume Unterschiede aufweisen. Hier kann einerseits vermutet werden, dass in Zeiten stabiler Vertrauensverhältnisse (AZ I) vorrangig Strategien zum Einsatz kommen, die direkt zum Aufbau bzw. zur Stabilisierung des vertrauenswürdigen Organisationsbildes beitragen, wohingegen der Aufbau dieses Bildes bei Vertrauenskrisen (AZ II) auch indirekt durch defensive Sprechhandlungen erfolgt. Ferner wird angenommen, dass das Persuasionspotenzial der Strategien im AZ II durch die Darstellung ethischer und moralischer Selbstbild-Dimensionen erhöht wird. Im Gegensatz dazu sind im AZ I vorrangig Strategien zu erwarten, die die Fachkompetenz des ADAC perspektivieren.

2. Aufgrund der strukturellen Beschaffenheit von Vertrauen als soziale Einstellung mit kognitiven, konativen und affektiven Komponenten wird trotz phasenabhängiger Differenzen jedoch davon ausgegangen, dass die Genese von Vertrauen immer nur unter der Voraussetzung einer Emotionalisierung der Rezipienten forciert werden kann. Dementsprechend bedarf es notwendigerweise eines textuell verankerten Emotionspotenzials bei der sprachlichen Vertrauensförderung.

4

Vorgehen

Um die vorgestellten Thesen zu belegen, soll beispielhaft anhand des ADAC Mitglie-dermagazins *Motorwelt* (Kap. 4) gearbeitet werden. Darin sollen persuasive Strategien der Vertrauensförderung in Publikationen der Öffentlichkeitsarbeit vor und nach dem „Gelben Engel"-Skandal herausgearbeitet werden (Kap. 5). Grundlegend dafür er-scheint zunächst eine für den Rahmen dieser Arbeit strukturelle, inhaltliche und funkti-onelle Einordnung von Vertrauen (Kap. 1). Anschließend sollen essentielle Bezugsgrö-ßen der PR-Forschung eingeführt werden, um über die Darstellung des kommunikativen Förderungsprozesses von Vertrauen aufzuzeigen, an welcher Stelle dieses Prozesses die Linguistik ansetzen kann (Kap.2). Kapitel 3 wird die Vertrauensförderung als Form persuasiver Kommunikation einordnen.

Stand der Forschung

Die Einordnung des Vertrauensphänomens als soziale Einstellung und die Absicht der vorliegenden Arbeit, kommunikative Strategien der Vertrauensförderung zu eruieren, verortet diese innerhalb der Persuasionsforschung. Eine für die Linguistik zweckdienli-che Zusammenfassung der Basistheoreme der Persuasionsforschung bietet ORTAK (2004). Aktuelle Anwendungsbeispiele aus verschiedenen Bereichen der öffentlichen Kommunikation, wie z.B. Politik und Werbung, finden sich bei IAKUSHEVICH/ARNING (2012). Persuasive Strategien der Öffentlichkeitsarbeit, deren Zusammenhang mit Ver-trauensförderung durch die Etablierung von Vertrauen als Zielgröße von Öffentlich-keitsarbeit (KUNCZIK [5]2010, u.v.a.) evident wird, sind innerhalb der Persuasionsfor-schung bislang nicht konstatiert worden. Als Ausgangspunkt für die Analyse dienen (auch deshalb) persuasive Strategien der massenmedialen Berichterstattung nach SCHWARZ-FRIESEL ([2]2013), die durch die Parallelen des für diese Arbeit erstellten Kor-pus (s. Kap. 4.2) mit journalistischen Darstellungsformen (KLEINERT 2008) ertragreich erscheinen.

Die Arbeit fußt auf zwei theoretischen Grundbausteinen. Eine Zusammenfassung zent-raler Erkenntnisse der Vertrauensforschung, v.a. aus soziologischer und sozialpsycholo-gischer Sicht (LUHMANN [4]2000, ENDREß 2002, SCHWEER 2008, u.v.m.), ermöglicht zu-nächst eine inhaltliche wie strukturelle Einordnung von Vertrauen. Darüber hinaus bie-tet SCHÄFERS (2013) Modell der Vertrauensförderung die Ausgangsbasis für eine lingu-istische Betrachtungsweise vertrauensfördernder sprachlicher Mittel. Im Unterschied zu

SCHÄFER wird die vorliegende Arbeit jedoch darum bemüht sein, kommunikative Strategien – und nicht einzelne sprachliche Mittel – der Vertrauensförderung zu identifizieren.

Ein weiterer Unterschied zu SCHÄFERS linguistischer Untersuchung von Vertrauensförderung liegt in der Fokussierung des Imagekonstrukts, die in dieser Arbeit erfolgen soll. Das Organisationsimage wird mithilfe der Theorie des öffentlichen Vertrauens (vgl. BENTELE 1994) als wesentliche Einflussgröße auf die Vertrauensförderung etabliert. Die Darlegung zentraler Erkenntnisse der Impression-Management-Theorie (BUNGARTEN 1994a + b, EBERT/PIWINGER 2007, RÜDIGER/SCHÜTZ 2016) sollen diese Herangehensweise untermauern. Mit Hinblick auf die sprachliche Konstruktion von Images werden kognitionslinguistische Aspekte (SCHWARZ 2008, SCHWARZ-FRIESEL [2]2013) bedeutsam, wobei insbesondere auf die Rolle von Perspektivierung, Evaluierung und Emotionalisierung bei der Konstruktion von Images eingegangen werden soll.

1. Vertrauen und Vertrauensförderung

Wer wüsste es nicht aus alltäglicher Erfahrung. Vertrauen braucht man. In gewisser Hinsicht scheint damit alles gesagt. Vertrauen bildet offenkundig eine grundlegende Voraussetzung alltäglichen Handelns (ENDREß 2002: 3).

Die immense Bedeutung, die dem Phänomen Vertrauen innerhalb der Gesellschaft und für das menschliche Miteinander zugesprochen wird, resultierte über die letzten Jahre in einer wahren „Konjunktur der zeitgenössischen akademischen Vertrauensforschung" (HUBIG/SIEMONEIT 2007: 171). Vor allem Vertreter aus z.B. Soziologie, Psychologie oder PR-Forschung beleuchten Fragen nach Funktion, Äußerungsformen oder Erzeugungsmöglichkeiten von Vertrauen (MAÊJKOVÁ 2009: 46 f.). Innerhalb dieser Vertrauensforschung herrscht mittlerweile ein breiter Konsens darüber, dass der Vertrauensaufbau in enger Relation zu (sprachlicher) Kommunikation steht (MAÊJKOVÁ 2009: 49). Diese Annahme bildet den Ausgangspunkt der vorliegenden Arbeit. Um sich Überlegungen hinsichtlich einer möglichen linguistischen Betrachtungsweise der kommunikativen Vertrauensförderung zu nähern (Kap. 1.2), soll zunächst eine inhaltliche und funktionelle Einordnung des Phänomens erfolgen (Kap. 1.1).

1.1 Theoretische Grundlagen: der Vertrauensbegriff

Aufgrund der Interdisziplinarität der Vertrauensforschung und den damit einhergehenden unterschiedlichen Perspektivierungen des Vertrauensphänomens hat sich bislang kein einheitliches Begriffsverständnis von Vertrauen durchgesetzt[2]. Nichtsdestotrotz können disziplinübergreifend „Eckpfeiler" ausgemacht werden, die als Grundlage „jedweder fundierten Auseinandersetzung mit Vertrauen" gelten (SCHWEER 2008: 13). So wird in Anlehnung an den Systemtheoretiker NIKLAS LUHMANN (⁴2000) die Reduktion der Komplexität der Welt als zentrale Funktion von Vertrauen betrachtet. Im Rahmen seiner funktionalen Analyse der Gesellschaft versteht LUHMANN (⁴2000: 1) Vertrauen als „elementaren Tatbestand sozialen Lebens". Dieser sei notwendig, da sich die moderne Welt „zu unkontrollierbarer Komplexität" (LUHMANN ⁴2000: 27) auseinandergezogen habe: So könnten andere Menschen jederzeit sehr verschiedene Handlungen ausführen (LUHMANN ⁴2000: 26 f.). Die darin bestehende Komplexität muss reduziert werden, sonst würde ein zu hoher Komplexitätsgrad dazu führen, dass weder Individuen noch soziale Systeme handlungsfähig wären (SCHWEER/THIES 2005: 48). Vertrauen

---

[2] Einen differenzierten Überblick über die disziplin- und forschungsabhängigen Perspektivierungen von Vertrauen bieten BENTELE/SEIDENGLANZ ³2015.

setzt also bei Situationen an, in denen dem Einzelnen nicht genügend Informationen vorliegen, um das Verhalten anderer Menschen vorauszusagen (LUHMANN [4]2000: 27); es überbrückt „Wissens- und Informationsgrenzen" (ENDREß 2002: 31) und vergrößert damit den Handlungsspielraum der Menschen. So erschließt Vertrauen Handlungsmöglichkeiten, die sonst nicht zustande kommen würden (LUHMANN [4]2000: 30). Da Vertrauen sich damit gleichzeitig auf zukünftiges Verhalten anderer bezieht, geht es mit Risiko einher. LUHMANN ([4]2000: 27) bezeichnet Vertrauen daher als „eine riskante Vorleistung". Konkret besteht das Risiko darin, dass die vertrauensvolle Erwartung enttäuscht werden könnte (LUHMANN [4]2000: 147).

Ebenfalls in der soziologischen Diskussion begründet ist die in der Vertrauensforschung zentrale Unterscheidung zwischen personalem (bzw. persönlichem) und systemischen (bzw. System-) Vertrauen. SCHWEER/THIES (2005: 50) fassen diese wie folgt zusammen:

> *Personales Vertrauen entsteht immer dann, wenn ein konkreter Interaktionspartner involviert ist, dem auf Grund seiner spezifischen Merkmale und Eigenschaften Vertrauen geschenkt wird. Systemisches Vertrauen schließt alle Konzeptionen des Vertrauens ein, bei denen Vertrauen in eine Organisation, eine Institution oder auch die Gesellschaft beziehungsweise die Demokratie als solche investiert wird.*

Die grundsätzliche Unterscheidung zwischen diesen beiden Vertrauenstypen ist durch eine entwicklungsgeschichtliche Perspektive auf Vertrauen bedingt, die sich im Zuge gesellschaftlicher Modernisierungsprozesse ergab. So geht LUHMANN ([4]2000: 155) davon aus, dass persönliches Vertrauen mit der Verschiebung von einer stratifizierten zu einer funktional differenzierten Gesellschaft nicht mehr ausreichte, um Handlungsfähigkeit zu erlangen und Wissenslücken zu füllen. Der Mensch als Einzelner konnte bzw. kann nicht mehr in allen Lebensbereichen aufgrund persönlicher Vertrauenserfahrungen handeln, sondern muss(te) sich, ohne alle einzelnen Bereiche zu kennen, auf sie einlassen (KRÄMER 2009: 20).

Mit der exemplarischen Analyse der Außenkommunikation des Automobilclubs ADAC e.V. als formale Organisation (vgl. HELBIG 2005: 51ff.) rückt das Systemvertrauen ins Zentrum der Betrachtung. Die Notwendigkeit dieser Feststellung ergibt sich dabei durch die für die Vertrauensbildung bzw. -förderung (s. Kap. 1.2) relevanten Faktoren Interaktion und Reziprozität. So stellt SCHWEER (2003: 324) fest, dass „im Zuge der Wahrnehmung von Organisationen [...] die direkte Interaktion oftmals unterbleibe". Dies führe dazu, dass Organisationen ein zentrales Merkmal der Vertrauensbildung, die Reziprozität, nicht einlösen könnten. Reziprozität meint dabei, dass der Mensch „aufgrund der so genannten Norm der Reziprozität innerhalb unserer gesellschaftlichen Tradition" nach einer erbrachten Vertrauensleistung erwarte, dass „der Interaktionspartner das entgegengebrachte Vertrauen erwidert" und „auf diese Weise seine eigene Vertrauenswürdigkeit unter Beweis stellt" (SCHWEER 2008: 14). PLÖTNER (1995: 36) stellt diesbezüglich jedoch fest, dass „Vertrauen nur von einem einzelnen Individuum entwickelt werden kann" und „betriebliche Organisationen [...] als Gesamtheit also nicht vertrauen können". Eine Organisation kann demnach ihre Vertrauenswürdigkeit nicht durch eigene Vertrauenshandlungen unter Beweis stellen (SCHWEER 2003: 324). Die systemische Vertrauensförderung bedarf daher kompensierender Mechanismen (WAGENBLAST 2012: 11). SCHWEER/THIES (2005: 56) stellen in diesem Zusammenhang die „tragende Rolle" medialer Kommunikation bei der „Förderung extraorganisationalen Vertrauens" heraus, und auch REINMUTH (2006: 58) konstatiert: „Ein Unternehmen kann offensichtlich nicht genau wie eine Person agieren, es kann jedoch durch seine Kommunikation Signale an seine Öffentlichkeit senden, die auf Vertrauenswürdigkeit hinweisen". Diese Aussage bildet eine zentrale Annahme der vorliegenden Arbeit und soll an späterer Stelle unter Berücksichtigung der *Theorie des öffentlichen Vertrauens* des Kommunikationswissenschaftlers und PR-Forschers GÜNTER BENTELE (1994) differenzierter vorgestellt werden (s. Kap. 2.2).

Zudem soll Vertrauen in Tradition der psychologischen Vertrauensforschung (vgl. NAROWSKI 1974) als soziale Einstellung[3] aufgefasst werden. Der Begriff der Einstellung bezeichnet im Folgenden in Anlehnung an ALLPORT (zitiert nach ZICK 2004: 130) einen „mentalen und neuronalen Bereitschaftszustand", der einen „steuernden oder dynamischen Einfluss auf die Reaktionen eines Individuums gegenüber allen Objekten und Situationen hat, mit denen dieses Individuum eine Beziehung eingeht". Vertrauen beschreibt demnach die Beziehungsqualität zwischen Akteuren und ist durch die Existenz eines Einstellungsobjekts – dem Vertrauensnehmer (vgl. BENTELE 1994) bzw. Vertrauensobjekt (vgl. COLEMAN 1991) – sowie dessen Wahrnehmung und Bewertung gekennzeichnet (SCHWEER 2008: 15). In struktureller Hinsicht benennt die Sozialpsycho-

---

[3] Die Einordnung von Vertrauen als soziale Einstellung wird evident, wenn beide Phänomene einander funktional gegenübergestellt werden. Die komplexitätsreduzierende Wirkung von Vertrauen lässt sich eindeutig mit der „wohl bedeutsamsten Funktion" (ZICK 2004: 132) von Einstellungen in Verbindung bringen: der Wissens- und Ökonomiefunktion. „Eine Einstellung zu einem Gegenstand erspart uns die Mühe, jedes Mal [...] neu herauszufinden, wie wir uns ihm gegenüber verhalten sollen" (STROEBE/JONAS/HEWSTONE 2002: 269). Für umfangreichere Darstellungen zu Einstellungsfunktionen sei auf ZICK 2004, SCHÄFER 2012 und NEUMAIER 2010 verwiesen.

logie zudem drei Komponenten sozialer Einstellungen: die kognitive, die affektive sowie die behaviorale. Für Vertrauen sollen in Anlehnung an SCHWEER (2008: 15) folgende Bestandteile konstatiert werden:

> a) *Kognitive Vertrauenskomponente: Gemeint ist das Wissen bzw. Quasi-Wissen über den*
> *Interaktionspartner (z.B. „Ich weiß, dass ich meiner Freundin vertrauen kann.").*
> b) *Affektive Vertrauenskomponente: Gemeint sind positive oder negative Gefühle bzw.*
> *Emotionen[4], die dem Interaktionspartner entgegengebracht werden (z.B. „Ich fühle mich*
> *bei meiner Freundin sicher. ").*
> c) *Behaviorale Vertrauenskomponente: Gemeint ist das offene Verhalten, welches dem In-*
> *teraktionspartner gegenüber gezeigt wird (z.B. „Ich vertraue meiner Freundin sehr*
> *persönliche Informationen an.") bzw. Verhaltensabsichten (z.B. „Ich werde meiner*
> *Freundin sehr persönliche Informationen anvertrauen")*

Während entscheidungstheoretische Ansätze (COLEMAN 1991, RIPPERGER 1998), die
vor allem in den Wirtschaftswissenschaften und der Managementlehre bemüht werden,
die kognitive Komponente fokussieren, betonen viele Vertreter der Psychologie
(ERIKSON [3]1980) die emotive Komponente.

In Anlehnung an SCHÄFER (2013: 40 f.) wird in dieser Arbeit angenommen, dass sich
Vertrauen auf einem Kontinuum zwischen Emotion und Kognition befindet, wobei abhängig von dem Referenzbereich, auf den sich das Vertrauen bezieht, oder der Phase
der Vertrauensbildung (s. Kap. 1.2.1) entweder die affektive oder die kognitive Komponente in den Vordergrund tritt. Unabhängig von der Dominanz eines der Bestandteile
findet eine gegenseitige Beeinflussung beider Komponenten statt. Aus kognitionswis-
senschaftlicher Perspektive beschreibt SCHWARZ-FRIESEL ([2]2013: 73) die wechselseitige Beziehung zwischen Kognition (vgl. SCHWARZ-FRIESEL [2]2013: 95 f.) und Emotion
wie folgt: „Emotionale Kenntnissysteme interagieren mit kognitiven [...] Komponenten,
begleiten und determinieren geistige Prozesse der Einschätzung und Schlussfolgerung."
Emotionskonzepte erfüllen dabei prä-, post- und metakognitive Funktionen und können
demnach kognitive Prozesse auslösen, selbst durch Denkprozesse evoziert werden oder
sie begleiten (SCHWARZ-FRIESEL [2]2013: 114). Überträgt man diese Explikationen auf
die soziale Einstellung Vertrauen, wird die enge Verbindung zwischen kognitiven und
affektiven Komponenten deutlich: So kann beispielsweise die kognitive Beurteilung

---

[4] SCHWEER (2008: 15) benennt explizit nur Gefühle, da der vorliegenden Arbeit jedoch nach SCHWARZ-
FRIESEL ([2]2013) eine begriffliche Unterscheidung zwischen Emotionen und Gefühlen zugrunde liegt, wurde
Emotionen an dieser Stelle ergänzt. SCHWARZ-FRIESEL ([2]2013: 57) versteht unter Gefühlen „subjektive
Bewertungen introspektiv erfasster Emotionszustände". Gefühle sind demnach durch ihre subjektive
Erfahrbarkeit gekennzeichnet bzw. stellen das bewusste Erfahren von Emotionen dar. Ein Gefühl ist
„genau derjenige Erlebensteil von Emotion, der bewusst und als subjektiver Zustand erfahrbar und sprachlich
mitteilbar ist" (SCHWARZ-FRIESEL [2]2013: 48). Im Gegensatz dazu stellen Emotionen ein übergeordnetes
„komplexes, mehrdimensionales Kenntnis- und Bewertungssystem" dar (SCHWARZ-FRIESEL
[2]2013: 139).

einer Person als vertrauenswürdig ein Sich-geborgen-Fühlen mit sich bringen bzw. nach sich ziehen, oder andersherum das intuitive „Bauchgefühl" (SCHWARZ-FRIESEL [2]2013: 73), sich auf eine Person verlassen zu können, Einfluss auf die kognitive Beurteilung dieser Person als vertrauenswürdig haben.

Darüber hinaus ist von Bedeutung, dass Einstellungen durch individuelle Erfahrungen und „gruppenspezifische Kommunikationsprozesse" (SCHWARZ-FRIESEL [2]2013: 82) sozial geprägt werden und damit „prinzipiell veränderbar sind" (SCHWARZ-FRIESEL [2]2013: 82). Die enge Relation von Kommunikation und Vertrauen wird verdeutlicht:

> *Vertrauen speist sich aus Erfahrungen, die man bisher mit Kommunikationspartnern ge-macht hat. [...] Für den Vertrauensaufbau ist daher eine intensive Kommunikation von enormer Bedeutung. Eine effektive Kommunikation kann die Vertrauensgenese wesentlich beschleunigen und gleichzeitig verbessert das vorhandene Vertrauen die Qualität der Kommunikation. Vertrauen muss also sowohl als eine notwendige Bedingung jeder Kommunikation als auch als ein Resultat gelungener Kommunikation aufgefasst werden* (MAĒJKOVÁ 2009: 49).

Im weiteren Verlauf der Arbeit wird diese enge Verbindung einer differenzierten Be-trachtung ausgesetzt. Ziel soll es sein, die Wechselwirkung von Kommunikation und Vertrauen zu beleuchten, um letztlich zu eruieren, wo mögliche Ansatzpunkte für eine systematische kommunikative Beeinflussung von Vertrauen liegen können. Um in die-sem Sinne auf die eingangs formulierte Fragestellung nach kommunikativen Strategien der Vertrauensförderung hinzuführen, soll im Folgenden zunächst verdeutlicht werden, was unter dem Prozess der Vertrauensförderung zu verstehen ist.

1.2 Kommunikative Vertrauensförderung

SCHÄFER (2013: 74) versteht unter Vertrauensförderung

> *[...] sowohl das Erwecken von Vertrauen am Anfang einer Beziehung [...] als auch den Vertrauensaufbau, Vertrauenserhalt und die Vertrauenspflege [...]. Eine so verstandene Vertrauensförderung ist ein weiter gefasster Begriff als der, den Schweer/Thies (2003, 79) den „vertrauensfördernden Maßnahmen" zugrundelegen. Diese implizieren stets ein bereits vorhandenes Vertrauen, das durch sie gestärkt werden soll. [...] Der Begriff „Vertrauensförderung" soll im Unterschied zu „Vertrauensbildung" stärker betonen, dass Vertrauen nicht einfach hergestellt werden kann, dass man lediglich den natürlichen Prozess unterstützen kann.*

Für die vorliegende Arbeit sind auf Grundlage dieses begrifflichen Umrisses drei Punkte bedeutsam: Erstens, Vertrauen kann nicht einseitig generiert werden, sondern seine Entstehung bzw. Entwicklung ist (z.B. durch Kommunikation) lediglich positiv beeinflussbar. Zweitens, der Begriff der Vertrauensförderung ist von dem der Vertrauensbildung abzugrenzen. Während Vertrauensförderung die intendierte kommunikative Beeinflussung der Vertrauensentwicklung meint (MAÊJKOVÁ 2011: 162), soll unter Vertrauensbildung die idealtypische bzw. natürliche Entwicklung verstanden werden, die keiner intendierten Einflussnahme unterliegt. Drittens, der Terminus der Vertrauensförderung ist nicht auf eine einzelne Phase der Vertrauensentwicklung beschränkt, sondern schließt sowohl den Erhalt und die Pflege von Vertrauen als auch das Erwecken und das Zurückgewinnen von Vertrauen ein. Er ist damit phasenübergreifend anwendbar.

Um die Vertrauensförderung weiter zu spezifizieren und zu charakterisieren, soll im Folgenden der idealtypische Entwicklungsprozess einer vertrauensvollen Beziehung vorgestellt werden (Kap. 1.2.1). Anschließend werden Einflussfaktoren definiert, die eben diesen Verlauf vorantreiben können (Kap. 1.2.2). Letztlich werden die Erkenntnisse in einem Modell der Vertrauensförderung zusammengefasst (Kap. 1.2.3).

1.2.1 Phasen der Vertrauensbildung

Vertrauen als soziale Einstellung unterliegt kommunikativer Einflussnahme. „Sprache als Kommunikationsmittel spielt daher eine wichtige Rolle für Vertrauen" (MAÊJKOVÁ 2009: 50). Im Folgenden soll expliziert werden, wie sich diese Rolle in unterschiedlichen Phasen von Vertrauensbeziehungen gestaltet. Dazu wird der natürliche Prozess der Vertrauensbildung skizziert, dessen Verlauf als idealtypisch auch in Bezug auf die systematische Vertrauensförderung gilt (MAÊJKOVÁ 2009: 50). Darauf aufbauend können Ableitungen für die systematische Einflussnahme auf die Vertrauensentwicklung vorgenommen werden.

Die nachfolgenden Ausführungen beziehen sich im Wesentlichen auf Erkenntnisse von MAÊJKOVÁ (2009) sowie SCHÄFER (2013). Die Linguistin[5] unterscheidet drei Phasen bzw. Stufen der idealtypischen Vertrauensentwicklung und eine vierte Phase des Vertrauensbruchs. Der Vollständigkeit halber sollen im Folgenden alle vier Phasen vorgestellt werden, wenngleich aus Platzgründen die ersten zwei Stufen lediglich kurz konturiert werden, um sich im Anschluss ausführlicher den zwei für diese Arbeit relevanteren Phasen widmen zu können.

Um eine vertrauensvolle Beziehung initiieren und damit die erste Phase einleiten zu können, müssen die Akteure zunächst miteinander in Kontakt treten. Neben dem für diese linguistische Arbeit besonders relevanten verbalen Kommunikationsmittel Sprache bieten sich auch nonverbale und paraverbale Mittel wie Augenkontakt, Gestik, Mimik usw. an (MAÊJKOVÁ 2009: 50). In der ersten Phase von Vertrauensbeziehungen stellt Sprache damit ein „usualisiertes und daher erwartetes Mittel zur Kontaktaufnahme" (MAÊJKOVÁ 2009: 52) dar. SCHÄFER (2013: 60) begreift das in dieser Phase vorhandene Grundvertrauen somit als „Basis jeglicher alltäglicher Handlungen und Interaktionen", es liegt jeder Kontaktaufnahme zugrunde.

Die zweite Phase der Vertrauensbildung umfasst das sogenannte Auftaktvertrauen. Laut SCHÄFER (2013: 63) ermöglicht sie den Akteuren, „eine kooperative Handlung auszuführen" und damit letztlich eine gemeinsame Vertrauensbasis aufzubauen. Im Gegensatz zum latenten Grundvertrauen wird Vertrauen in dieser Phase zunehmend reflektiert: Risiken und Vorteile werden gegeneinander abgewogen und „Informationen über den potenziellen Vertrauensnehmer werden verstärkt gesucht, wahrgenommen und ausgewertet" (SCHÄFER 2013: 63). Sprache bietet in dieser Phase „durch Hinweise auf gemeinsam geteilte Werte und Erfahrungen, [...], Bitte um Feedback oder Hilfe" zahlreiche Möglichkeiten, sich als vertrauenswürdig darzustellen.

Bei der dritten Phase von Vertrauensbeziehungen handelt es sich um jene, die dem **Analysezeitraum I** (AZ I) zuzuordnen ist[6]. Das vorhandene ausgeprägte Vertrauen stellt die „höchste Vertrauensstufe dar" (SCHÄFER 2013: 66) und kann in Geschäftsbeziehungen als optimal angesehen werden (SCHÄFER 2013: 67). Die entstandene Vertrauenseinstellung wird in Folge dauerhafter und stabiler Kommunikation als Maßstab

---

[5] Es handelt sich hier um dieselbe Wissenschaftlerin – mit Mädchennamen und nach der Eheschließung.

[6] Die Zuordnung muss an dieser Stelle vorweggenommen werden, ihre Begründung erfolgt an späterer Stelle im Zusammenhang mit den methodischen Überlegungen (s. Kap. 4.3).

für zukünftige Urteilsbildungen genommen. Dem ADAC kam im AZ I demnach ein größtmöglicher Handlungsspielraum zu (SCHÄFER 2013: 67).

Während das Vertrauen in der zweiten Phase durch einen hohen Reflexionsgrad gekennzeichnet ist, geht Vertrauen in dieser Phase wieder in die Latenz über (ENDREß 2001: 171):

> *Ein sich ex post vollziehendes „Sich-Klarmachen, dass man vertraut hat", dieses Thematisieren wird regelmäßig aufgrund weiterer Erfahrungen wieder aus dem Modus des Expliziten in den des Impliziten überführt.*

Gleichsam stellt MAÊJKOVÁ (2009: 53) fest, dass eher „implizite Mittel" zur Pflege und Aufrechterhaltung von einmal etablierten Vertrauensbeziehungen angewandt werden. Ähnlich formuliert GANSEL (2008: 492), dass es sich bei Vertrauen um ein „pragmatisches Phänomen" handelt, das „in und durch Kommunikation implizit prozessiert wird." Explizite Thematisierungen von Vertrauen werden dagegen als „Krisensignal wahrgenommen und als ein Zeichen für Misstrauen, Zweifel, Unsicherheit usw." interpretiert (SCHÄFER 2013: 67). Sprache liefert deshalb in dieser Phase vor allem „Impulse für einen Gedankenaustausch, für gemeinsame Pläne u. ä." (MAÊJKOVÁ 2009: 53).

Die vierte (mögliche) Phase von Vertrauensbeziehungen wird zu vermeiden versucht: Bei ihr handelt es sich um eine durch einen Vertrauensbruch ausgelöste Vertrauenskrise[7] oder das Ende der Vertrauensbeziehung. Sie kann sich sowohl an die vorangegangen Phasen anschließen als auch „zu einem beliebigen Zeitpunkt der Beziehung durch einen Vertrauensbruch initiiert werden" (MAÊJKOVÁ 2009: 53). Diese Phase ist dem **Analysezeitraum II** (AZ II) zugeordnet. Analog zu den Ausführungen zum AZ I ist die Kommunikation bei Vertrauenskrisen durch ihre Explizitheit gekennzeichnet und das direkte Benennen von Vertrauen weist auf die vorhandene Krise hin.

Die Rolle von Sprache innerhalb von Vertrauenskrisen beschreibt MAÊJKOVÁ (2009: 53) so:

> *Die sprachliche Kommunikation bietet eine effektive Hilfe in „Vertrauenskrisen". [...] Eine als nicht vertrauenswürdig empfundene Handlung zieht häufig eine Kommunika- tionskette nach sich, deren Zweck es ist, die Handlung und ihre Ursachen zu erläutern bzw. zu entschuldigen – auf der einen Seite – und auf der anderen Seite die Beweggründe*

---

[7] Der Begriff Krise geht auf griech. krisis bzw. lat. crisis zurück und meint wörtlich einen Wende- oder Entscheidungspunkt. In der Unternehmenskommunikation meinen Krisen alle nicht intendierten, problematischen Situationen, die Organisationen bis zur Existenzbedrohung bringen können (BENTELE/HOEPFNER [3]2015: 1123). Folglich geht diese Existenzbedrohung bei Vertrauenskrisen auf mangelndes Vertrauen zurück. So definiert auch der Duden die Vertrauenskrise als „Zustand, in dem jemandes Vertrauen ins Wanken gerät (DUDEN ONLINE 2016)."

zu klären und zu entscheiden, wie dadurch die nächste Handlungsplanung beeinflusst wird. In dieser Phase ist Sprache als ein Mittel der Problemlösungskommunikation von großer Bedeutung. Wenn sich einer der Akteure betrogen fühlt, verlangt er üblicherweise nach schneller eindeutiger Erklärung und nur eine plausible verständliche Erklärung hat das Potenzial, die Vertrauensbeziehung zu retten. Eine solche eindeutige Begründung kann am besten die verbale Kommunikation gewährleisten.

MAÊJKOVÁ (2009: 54) attestiert den Interaktionspartnern in Folge der Krise die Notwendigkeit, ihre Vertrauenswürdigkeit verstärkt unter Beweis zu stellen, um Vertrauen zurückzugewinnen und die Vertrauensbeziehung zu (re-)stabilisieren:

Es folgt also wieder eine Phase von Vertrauensaufbau, bei der zwar auch nichtsprachliche Handlungen als Beweise der Vertrauenswürdigkeit von enormer Wichtigkeit sind, bei der aber eben sprachliche Mittel wesentlich helfen, durch effektive und als angenehm empfundene Kommunikation wieder eigene Vertrauenswürdigkeit zurückzugewinnen. Wird die Krise nicht überwunden, bricht die Vertrauensbeziehung zusammen.

Wenngleich SCHÄFERS (2013) Ausführungen hinsichtlich der sprachlichen Ausgestaltung der vertrauensfördernden Mittel („effektive und als angenehm empfundene Kommunikation") an der Oberfläche bleiben, können an dieser Stelle dennoch bereits zwei wesentliche Annahmen in Bezug auf die zu eruierenden vertrauensfördernden Strategien angestellt werden: Zum einen ist davon auszugehen, dass im AZ II im Gegensatz zum AZ I explizite Referenzialisierungen auf Vertrauen auszumachen sein werden; zum anderen ergibt sich daher als Umkehrschluss, dass für die positive Förderung von Vertrauen phasenübergreifend insbesondere implizite Strategien der Beeinflussung auffallen werden. Der vorliegenden Arbeit obliegt es im Folgenden, erstens, diese Annahme zu überprüfen, und zweitens, die sprachliche Ausgestaltung dieses impliziten Charakters zu explizieren.

1.2.2 Vertrauen begünstigende Faktoren

Das vorangegangene Kapitel hat dargestellt, dass durch Sprache die Entwicklung von Vertrauen forciert werden kann. Offen blieb bislang jedoch noch, welche konkreten Faktoren Einfluss auf eine solche gewünschte Vertrauensentwicklung nehmen können. Einen Ausgangspunkt für diese Frage bietet die differentielle Vertrauenstheorie nach SCHWEER (2003). Er benennt zwei Dimensionen, die ausschlaggebend für den Prozess der Vertrauensentwicklung sind, wobei für den Rahmen dieser Arbeit insbesondere die zweite, die implizite Vertrauenstheorie, von Interesse ist[8]. Sie beschreibt „die Gesamt-

---

[8] Bei der ersten Einflussgröße handelt es sich um die individuelle Vertrauenstendenz als grundsätzliche Bereitschaft eines Individuums, Vertrauen schenken zu können bzw. wollen (SCHWEER 2008: 20). Sie entwickelt sich aufgrund der „vertrauensrelevanten Erfahrungen" (SCHWEER 2008: 20), die ein Individuum im Laufe seines Lebens sammelt. Innerhalb der vorliegenden linguistischen Arbeit kann diese Kom-

heit normativer Erwartungen an andere Personen im Hinblick auf die Förderung eines positiven Vertrauensverhältnisses zueinander" (SCHWEER 2003: 325). SCHWEER (2008: 21) fasst zusammen:

> *Jeder Mensch besitzt insofern eine Vorstellung über den „Prototyp" des „vertrauenswürdigen" bzw. „vertrauensunwürdigen" Interaktionspartners [...]. Vertrauen wird nun um so eher erlebt, je stärker die eigenen Erwartungen an eine vertrauenswürdige Person mit deren wahrgenommenen Verhalten in Einklang stehen.*

Diese Überlegungen überträgt er zusammen mit THIES (2005: 55) auch auf das für diese Arbeit relevante Systemvertrauen. Demnach ist das konkrete Vertrauensurteil gegenüber Institutionen ebenfalls subjektiv

> *... und hängt mit den individuellen Erwartungsmustern zusammen. Jeder Mensch hat nämlich bestimmte mehr oder minder komplexe Erwartungsstrukturen, die eine gesellschaftliche Institution erfüllen muss, damit sie als vertrauenswürdig erlebt wird.*

Die Wahrscheinlichkeit, dass ein Textproduzent von seinem Interaktionspartner als vertrauenswürdig wahrgenommen wird, ist demnach dann besonders groß, wenn sein (sprachliches) Verhalten mit den Erwartungen des Interaktionspartners an einen vertrauenswürdigen Akteur übereinstimmt. Wenngleich diese Annahme einen ersten Ansatzpunkt für die Ermittlung von Einflussgrößen bietet, muss im Hinblick auf massenmediale Kommunikation jedoch festgehalten werden, dass ein Textproduzent aufgrund der Reichweite der Kommunikate und der Indirektheit der Interaktion kaum konkrete Aussagen über die individuellen prototypischen Erwartungshaltungen der Rezipienten treffen kann.

SCHÄFER (2013: 54 ff.) nähert sich dieser Problematik mit der Formulierung Vertrauen begünstigender Faktoren[9]. Um Hypothesen über in der Gesellschaft existente Erwartungshaltungen hinsichtlich vertrauenswürdiger Akteure aufstellen zu können, schlägt sie vor, langfristig stabile Vertrauensbeziehungen bezüglich ihrer Kernkomponenten zu untersuchen und diejenigen Merkmale von vertrauensvollen Beziehungen zu identifizieren, „die für deren Stabilität sorgen und ihre erfolgreiche Entwicklung bestimmen" (SCHÄFER 2013: 58). Vermittle eine Organisation die Kernkomponenten dann bspw. über seine Unternehmenskommunikation, so könnten diese in der Wahrnehmung der

---

ponente aus methodischen Gründen keine Beachtung finden. Über den Einfluss von Erfahrungen auf Erwartungsbildung und Vertrauensgenese siehe GRÜNBERG 2014.

[9] Ähnliche Theorien legen auch andere Vertreter der Vertrauensforschung vor. So beschäftigt sich beispielsweise BENTELE (1994) mit *Vertrauensfaktoren*, REINMUTH (2006) mit *Glaubwürdigkeitsfaktoren* oder SCHWEER/THIES (2005) mit *zentralen Merkmalen einer Vertrauensorganisation*. Die vorliegende Arbeit fußt auf den Überlegungen SCHÄFERS, da ihre Ableitung erstens vor dem Hintergrund einer beabsichtigten linguistischen Analyse erfolgt ist, und zweitens in Kombination mit anderen Theoremen ihrer Dissertation steht, die hier ebenfalls Anwendung finden.

Rezipienten als Signale für Vertrauenswürdigkeit fungieren und auf diese Weise langfristig zur Vertrauensförderung beitragen. In diesem Sinne postuliert SCHÄFER (2013: 54 ff.) folgende Faktoren:

Vertrauen begünstigender Faktor	Bedeutung
Interesse	jmd. Aufmerksamkeit und Anteilnahme entgegenbringen; gemeinsame Ziele verfolgen; gemeinsame Vorlieben haben
Glaubwürdigkeit	
Kompetenz	Fertig- und Fähigkeiten; Befugnis, Zuständigkeit (DUDEN ONLINE 2016)
Konsistenz	Übereinstimmung von Wort und Tat; diachrone Aussagekonstanz
Koordiniertes Handeln	Möglichkeit und Realisierbarkeit von gemeinsamen Handlungen von Textproduzent und - rezipient; Bereitschaft, sich auf Handlungsein- schränkungen einzulassen (Kompromissbereitschaft)

Abb. 1: Vertrauen begünstigende Faktoren nach SCHÄFER (2013: 54 ff.)

SCHÄFER (2013) zählt demnach „Interesse", „Koordiniertes Handeln" sowie „Glaubwürdigkeit" zu den Vertrauen begünstigenden Faktoren, wobei „Glaubwürdigkeit" auf den Teildimensionen „Kompetenz" und „Konsistenz" basiert. Sie hält zudem fest, dass zwischen den Faktoren wechselseitige Korrelationen bestehen (SCHÄFER 2013: 57):

Die Komponenten stehen in einem engen, sich-selbst-stabilisierenden Verhältnis zueinander. Interesse stellt in der Regel eine Voraussetzung für glaubwürdige Kommunikation und koordiniertes Handeln dar. Diese Voraussetzung impliziert entweder eine Beziehungsgeschichte, aus der das Interesse heranwächst, oder wenigstens eine Möglichkeit, sich im Voraus über den Kommunikationspartner zu informieren. Es kann zwar kurzfristig Glaubwürdigkeit und koordiniertes Handeln ohne Interesse geben [...], eine stabile Beziehung ohne jegliches Interesse am Partner und gemeinsamen Themen ist jedoch langfristig nicht haltbar.

Zu Analysezwecken sollen die Faktoren an späterer Stelle jedoch separat den persuasiven Strategien der Vertrauensförderung gegenübergestellt werden (s. Kap. 5). Es wird davon ausgegangen, dass persuasive Strategien der Vertrauensförderung die Vertrauen begünstigenden Faktoren vermitteln (müssen), um den in den Teilöffentlichkeiten existierenden prototypischen Erwartungshaltungen an eine vertrauenswürdige Organisation zu entsprechen und damit letzten Endes tatsächlich Vertrauen zu fördern.

1.2.3 Das Modell der Vertrauensförderung

Vertrauensförderung ist demnach als ein semiotischer Prozess zu verstehen, bei dem die Vertrauen begünstigenden Faktoren kommunikativ vermittelt werden. SCHÄFER (2013: 82) betont in diesem Sinne, dass „erfolgreiche Vertrauensarbeit wesentlich einer semiotischen Kompetenz des Textproduzenten [bedarf; A.F.]"; der Fähigkeit also, „den Adressaten Interpretationsvorlagen zu geben, aus denen sie die entsprechenden Schlüsse ziehen können", die Fähigkeit also, „Zeichen sinnvoll einsetzen zu können" (ANTOS/SPITZMÜLLER 2007: 40).

Bedeutsam für die vorliegende Arbeit ist dabei, dass die tatsächliche Förderung von Vertrauen von der Wahrnehmung und Interpretation der Kommunikate vonseiten der Rezipienten abhängt. Mit anderen Worten: Durch seine (unmittelbar wahrnehmbare) Kommunikation kann ein Textproduzent zwar in Form der Vertrauen begünstigenden Faktoren Hinweise senden, die auf seine (nicht unmittelbar wahrnehmbare) Vertrauenswürdigkeit hindeuten (MAÊJKOVÁ 2012: 79); „ob diese Signale vom Rezipienten wahrgenommen und in der vom Produzenten intendierten Weise" (MAÊJKOVÁ 2012: 79) – als Signale für Vertrauenswürdigkeit – interpretiert werden, hängt jedoch maßgeblich von der Übereinstimmung des semiotischen Wissens von Textproduzent und -rezipient ab (MAÊJKOVÁ 2011: 163).

Daraus ergibt sich für die kommunikative Vertrauensförderung folgendes Modell (SCHÄFER 2013: 79):

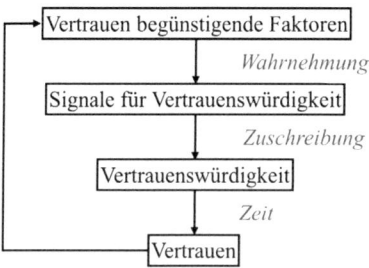

Abb. 2: Modell der Vertrauensförderung basierend auf SCHÄFER (2013: 79)

REINMUTH (2006: 29) stellt in diesem Sinne fest, dass es sich somit bei Vertrauenswürdigkeit nicht um eine objektive Eigenschaft handelt, sondern um eine auf der durch

Kommunikation erworbenen Wahrnehmung beruhenden Zuschreibung vonseiten des Rezipienten.

Im positiven Fall einer initialen Zuschreibung von Vertrauenswürdigkeit ist dann für die Etablierung einer vertrauensvollen Beziehung der Faktor Zeit wesentlich. SCHÄFER (2013: 79) führt diesbezüglich aus: „Wenn in dieser Phase die Beziehung nicht abgebrochen und die Interaktion und Kommunikation mit gleicher Qualität fortgeführt werden, kann dies zu Vertrauen führen." Nur die dauerhafte und wiederholte Zuschreibung von Vertrauenswürdigkeit führt demnach zu Vertrauen, die in diesem Sinne als Beziehungsqualität verstanden wird (SCHÄFER 2013: 49).

1.3 Zwischenfazit

Vertrauen ist ein notwendiger Mechanismus zur Herstellung von Handlungsfähigkeit. Ohne Vertrauen wäre das alltägliche Leben nicht zu bewerkstelligen. In der heutigen funktional differenzierten Gesellschaft hat vor allem das Systemvertrauen an Bedeutung gewonnen; dieses entspricht dem Erkenntnisinteresse der vorliegenden Arbeit. Um eine vertrauensvolle Beziehung einzugehen, also Vertrauen zu einer Sache oder einer Person zu haben, bedarf es zunächst der Vertrauenswürdigkeit des Interaktionspartners. Vertrauenswürdigkeit stellt keine objektive Eigenschaft eines Akteurs dar, sondern ist durch einen Prozess der Zuschreibung maßgeblich vom Rezipienten abhängig. Wenn ein Akteur extraorganisationales Vertrauen fördern möchte, kann er durch die kommunikative Vermittlung von Vertrauen begünstigenden Faktoren positive Rahmenbedingungen für diesen Zuschreibungsprozess herstellen. Ein wesentliches Instrument hierbei ist Sprache. Es wird vermutet, dass die sprachliche Förderung von Vertrauen phasenübergreifend implizit erfolgt, insgesamt jedoch phasenabhängige Unterschiede in der Ausprägung der vertrauensfördernden Strategien auszumachen sind.

2. Public Relations und organisationale Vertrauensförderung

Die enorme Relevanz von Vertrauen für Organisationen wird von einer Vielzahl von Autoren attestiert. Vertrauen wird dabei im Allgemeinen als soziales Kapital (vgl. BOURDIEU 1983: 6 ff.) verstanden, „das die Basis für langfristige Beziehungen einer Organisation mit seinen Kommunikationspartnern bildet" (HUBIG/SIEMONEIT 2007: 171), die „Grundlage jedes ökonomischen Unterfanges" (REINMUTH 2006: 55) darstellt und damit letztlich zur „Existenzsicherung" der Organisation (PREUSSE/RÖTTGER/ SCHMITT 2010: 125) beiträgt.

Auf organisationaler Ebene mündet diese Erkenntnis häufig in der Forderung, dass, wolle man wirtschaftlich erfolgreich sein, man Vertrauen bewusst evozieren müsse (HUBIG/SIEMONEIT 2007: 173). Im Folgenden soll PR als Träger dieser organisationalen Vertrauensförderung etabliert werden. Dazu wird zunächst ein kurzer Überblick über Ziel und Umfeld von Öffentlichkeitsarbeit gegeben (Kap. 2.1), um anschließend ihre Rolle bei der Genese öffentlichen Vertrauens zu veranschaulichen (Kap. 2.2).

2.1   Vertrauen als Zielgröße von PR

Was ist und tut PR? Viele Antworten zielen in dieselbe Richtung: Ob als Vertrauenswerbung (vgl. HUNDHAUSEN 1951), Vertrauensspezialist (vgl. JARREN/RÖTTGER [3]2015) oder Vertrauensvermittler (vgl. BENTELE 1994) bezeichnet, Vertrauen wird im theoretischen Diskurs zu PR seit jeher eine bedeutsame Rolle zugesprochen. Meist wird es dabei als Zielvorgabe erfolgreicher PR gehandelt (HOFFJANN 2013: 26 f.). So verstand bereits CARL HUNDHAUSEN (1951: 53) als einer der ersten PR-Theoretiker im deutschsprachigen Raum unter PR „die Unterrichtung der Öffentlichkeit (oder ihrer Teile) über sich selbst, mit dem Ziel, um Vertrauen zu werben." Den hohen Stellenwert, der Vertrauen bereits zu Beginn der PR-Theorie zugeschrieben wurde, hat es noch immer. In einem der aktuellsten und zugleich umfangreichsten Überblickswerke zum Stand der Theorie-Diskussion über PR resümiert KUNCZIK ([5]2010: 33):

> *[...]im Folgenden werden [...] unter PR die Bemühungen verstanden, die Öffentlichkeit bzw. relevanten Teilöffentlichkeiten durch die Selbstdarstellung von Interessen beeinflussen und damit auch Interessen durchsetzen zu wollen. [...] Es geht nicht um Information, sondern um Beeinflussung von Einstellungen und Verhaltensweisen [...]. PR zielt auf Umweltkontrolle. Dazu gehören neben der Beeinflussung der Öffentlichkeit bzw. von Teilöffentlichkeiten [...] die Informationssuche in der Umwelt [...] sowie die kontinuierliche Anpassung bzw. beabsichtigte Aufhebung von Differenzen zwischen angestrebten Zielen (z.B. Vertrauen in der Öffentlichkeit) und tatsächlichen Verhältnissen in der Umwelt [...].*

In den obigen Definitionen wird deutlich, dass die Öffentlichkeit mit ihren Teilen als zentrale Bezugs- und Beobachtungsgröße für PR[10] gilt, und es PR demnach obliegt, Vertrauen in relevanten Teilöffentlichkeiten zu generieren. Im Kontext von Public Relations ist dabei von Teilöffentlichkeiten die Rede, um auf die Tatsache zu verweisen, dass sich PR-Maßnahmen nicht an eine anonyme, homogene Masse richten, sondern auf konkrete Rezipientengruppen – in der PR-Forschung auch als Bezugsgruppen (vgl. SZYSZKA [3]2015a: 1095) bezeichnet – abgestimmt sind. So setzt der ADAC beispielsweise die Mitgliederzeitschrift *Motorwelt* ein, um das Vertrauen der Mitglieder (nicht aber von Geldgebern oder Mitarbeitern) zu fördern. Dass diese Vertrauensförderung in den Teilöffentlichkeiten auch und insbesondere in Krisenzeiten erfolgt, betont die DEUTSCHE PUBLIC RELATIONS GESELLSCHAFT: „Öffentlichkeitsarbeit trägt auch dazu bei, Konflikte durch Information und Interessenausgleich zu bewältigen" (DPRG 1997: 58). Wird die Vertrauenswürdigkeit eines öffentlichen Akteurs in Frage gestellt, verantwortet es PR, diese „Vertrauenswürdigkeit [...] zu bewahren oder zurückzugewinnen" (LAMBECK 1992: 9).

Darüber hinaus illustriert KUNCZIKS Definition, dass Öffentlichkeitsarbeit auf eine Einstellungsbeeinflussung der Teilöffentlichkeiten abzielt. Vor dem Hintergrund der unter 1.1 erfolgten Einordnung von Vertrauen als soziale Einstellung wird dadurch abermals die Relevanz von PR für die organisationale Vertrauensförderung verdeutlicht. Wenngleich auch Werbung eine Einstellungsbeeinflussung zum Ziel hat, soll mit MERTEN (1999: 263) für den Rahmen dieser Arbeit festgelegt werden, dass die Einstellungsbeeinflussung bei Werbung „kurzfristig einen Konsumentscheid für ein Produkt auslösen soll", während PR Einstellungen „langfristig" beeinflussen will und dies nicht bezogen auf ein bestimmtes Produkt, sondern auf die Organisation als Ganzes tut.

Die hier aufgeführten Definitionen dienen zunächst einem grundlegenden Verständnis von PR. An sie anlehnend soll an dieser Stelle festgehalten werden, dass im Rahmen dieser Arbeit unter PR die (kommunikativen) Bemühungen einer Organisation verstanden werden, Vertrauen vonseiten der Bezugsgruppen durch Einstellungsbeeinflussung entweder erstmals zu erwerben, sofern Vertrauen bereits vorhanden war zu stabilisieren, oder es im Falle eines vorangegangenen Verlustes zu regenerieren. Die intendierte Einstellungsbeeinflussung durch PR zielt stets darauf ab, die Rezipienten einer Organisati-

---

[10] Diese Erkenntnis spiegelt sich semantisch in den Begriffen *Öffentlichkeitsarbeit* sowie *PR* (*Public Relations*, zu Deutsch: öffentliche Beziehungen) wieder. Die Termini werden weitestgehend synonym verwendet (FRÖHLICH [3]2015: 104).

on langfristig an sie zu binden und weniger darauf, kurzfristige Kaufentscheide zu bewirken.

Da das Erkenntnisinteresse der vorliegenden Arbeit darin besteht, konkrete kommunikative Strategien in der Öffentlichkeitsarbeit zu eruieren, die eine solche langfristige Vertrauensbeziehung zwischen Organisation und Rezipienten etablieren können, erscheint es vor dem Hintergrund der unter 1.1 dargelegten fehlenden direkten Interaktion zwischen Organisation und Rezipienten wesentlich, den „Zugang" zu etablieren, den Bezugsgruppen und Organisation zueinander finden können. Welcher Mechanismus trägt zur Kompensation fehlender direkter Interaktion bei und stellt somit einen Ansatzpunkt für die kommunikative Einstellungsbeeinflussung der Rezipienten vonseiten der Organisation dar?

2.2 Die Genese öffentlichen Vertrauens durch Imagekonstruktion

In seiner Theorie des öffentlichen Vertrauens untersucht BENTELE (1994) den Prozess der Vertrauensbildung gegenüber öffentlich wahrnehmbaren Personen, Organisationen oder Systemen in der modernen Kommunikationsgesellschaft. Dabei beschreibt er Mechanismen der öffentlichen Kommunikation, durch die Vertrauen konstituiert wird, und argumentiert, dass der Prozess der Vertrauensbildung stark durch die von PR-Systemen vermittelten Informationen beeinflusst wird (BENTELE 1994: 142 f.):

> *Öffentliches Vertrauen konstituiert sich also vor allem durch unterschiedliche institutionalisierte Informationsquellen, die als Vertrauensvermittler fungieren. Es sind dies vor allem die Medien und (im gesellschaftlichen Informationsprozess noch davor) die PR-Systeme, d.h. vor allem PR-Abteilungen bei Unternehmen, Pressestellen bei Organisationen, PR-Agenturen, Einzelpersonen mit PR-Funktion.*

Von zentraler Bedeutung sei dabei das Image (BENTELE 1994: 142):

> *Innerhalb von Prozessen öffentlichen Vertrauens existiert meist keine unmittelbare oder direkte Beziehung zwischen Vertrauenssubjekten und Vertrauensobjekten, die Beziehung ist meist über Medien und damit über Images vermittelt, die von Medien transferiert und (teilweise) konstruiert werden.*

BENTELE geht demnach davon aus, dass es insbesondere das Image öffentlich wahrnehmbarer Organisationen, Personen, etc. ist, welches Einfluss auf Prozesse der Vertrauensbildung auf der Rezeptionsseite ausübt. Nachfolgend soll diese Beobachtung unter Erarbeitung einer begrifflichen Definition von Image veranschaulicht werden (Kap. 2.2.1), um anschließend die Konstruktion eines Images auf Basis der organisationalen Selbstdarstellung (Kap. 2.2.2) und durch Sprache (Kap. 2.2.3) zu beleuchten.

2.2.1 Das Image von Organisationen

Wenn wir an ein Unternehmen denken, dann schweben uns vor unserem inneren Auge kein Fabrikkomplex und kein Bürogebäude vor. Wir denken nicht an zahllose Mitarbeiter, die ihr Tagewerk verrichten, an Meetings, Sitzungen oder die komplexen Anforderungen des Vertriebs oder des Marketings. Wenn wir an ein Unternehmen denken, dann haben wir vielmehr <u>Bilder</u> in unseren Köpfen: Das Unternehmen ist für uns vielleicht sportlich, es kann auch traditionelle Werte ausdrücken oder etwas verrückt sein. Und – und das ist in diesem Zusammenhang besonders wichtig – es kann glaubwürdig sein und uns zu vertrauensvollen Entscheidungen verleiten (REINMUTH 2006: 185 f.; Herv. i.Orig.).

Unter einem Image wird das subjektive und fiktionale[11] Vorstellungsbild verstanden, in dem sich die Perzeption eines öffentlichen Akteurs in der Öffentlichkeit manifestiert (ARNING 2012: 106). Diese Perzeption beruht auf kognitiven Elementen, also dem Wissen, das in der Öffentlichkeit über einen öffentlichen Akteur besteht, auf emotiven Elementen, als den mit dem Akteur verbunden Emotionen, Gefühlen und Erwartungen, und auf konativen Elementen, den Verhaltensabsichten gegenüber dem Akteur (ARNING 2012: 107). Ein Image bezeichnet demnach die Gesamtheit an „Vorstellungen, Gefühlen, Erwartungen, Wissen, etc." (KÜCKELHAUS 1998: 326) einer Person zu einem Objekt. Nach MERTEN (1992: 43) fungiert das Image damit als „Vor-Wissen, das mittelbare Erfahrungen ersetzt". Seine Existenz begründet sich auf der Tatsache, dass die Teilöffentlichkeiten eigentlich über „kein direkt zugängliches Wissen, keine unmittelbare oder zu geringe Wirklichkeitserfahrung [mit dem Vertrauensobjekt; A.F.] verfügen, um sich ein konkretes Bild zu machen" (MERTEN 1992: 43). Für die Bezugsgruppen stellt ein Image damit eine Orientierungshilfe dar (ARNING 2012: 108), die notwendig ist, um die in der Welt und am Markt herrschende Komplexität zu verringern. Komplexe Bedeutungen, Merkmale, etc. einer Organisation werden durch das Image auf ein einfaches Bild reduziert (REINMUTH 2006: 187).

MERTEN (1999: 247) sieht in der Fiktionalität von Images den Grund für ihre hohe Relevanz für Organisationen. Er beleuchtet den Imagebegriff vor dem Hintergrund wirtschaftlicher Notwendigkeiten und stellt fest, dass im Angesicht übersättigter Märkte sowie ähnlicher Dienstleistungen und Produkte die Differenzierung einer Organisation gegenüber Konkurrenten zunehmend durch Kommunikation geleistet werde (MERTEN 1999: 260). Das Organisationsimage könne zu diesem Zwecke instrumentalisiert werden (MERTEN 1999: 247), da es die Möglichkeit bietet, Einfluss auf die Wirklichkeitswahrnehmung der Bezugsgruppen zu nehmen. MERTEN betrachtet PR hier aus einer

---

[11] HOFFJANN (2013: 46) versteht in Anlehnung an KOHRING (2002) unter Fiktion „subjektiv gebildete Wahrnehmung, für die kein Wahrheits- oder Wirklichkeitsbeweis angestrebt wird."

radikal-konstruktivistischen Perspektive und vertritt die Ansicht, dass Public Relations Realität nicht transportieren bzw. abbilden, sondern Wirklichkeiten durch Kommunikation erst konstruieren[12].

Wenngleich die vorliegende Arbeit auf einer gemäßigteren konstruktivistischen Position fußt und davon ausgeht, dass die Welt auch außerhalb der eigenen Konstruktion existiert, soll an dieser Stelle festgehalten werden, dass das Organisationsimage als Wirklichkeitsvorstellung der Bezugsgruppen über die Organisation dennoch gezielt von PR beeinflusst werden kann (JARREN/RÖTTGER [3]2015: 37). So betont auch EISENEGGER ([3]2015: 441) den strategischen Einsatz von Kommunikation, um „in den Köpfen relevanter Bezugsgruppen sowie in den Arenen öffentlicher Kommunikation" Images als „Wahrnehmungsmuster von Organisationsidentitäten" zu evozieren. Organisationen können ihren Bezugsgruppen demnach durch PR Wirklichkeitsentwürfe bereitstellen, um so z.B. den Eindruck der eigenen Vertrauenswürdigkeit zu fördern bzw. Vertrauenswürdigkeit zum Teil der Organisationsidentität werden zu lassen. Das Image fungiert damit als „weicher Erfolgsfaktor" (MERTEN 1999: 260) einer Organisation.

Zwar wird der subjektive Charakter von Images von einer Vielzahl von Autoren herausgestellt (vgl. MERTEN 1999: 244 ff., ESSIG/SOULAS DE RUSSEL/BAUER [2]2010: 22 ff.), letztlich muss jedoch auch konstatiert werden, dass die Absicht organisationspolitischer Kommunikationsmaßnahmen in der flächendeckenden Imagedurchsetzung besteht (KÜCKELHAUS 1998: 327). Auch RÖTTGER (2007: 387) stellt in diesem Sinne fest, dass im Mittelpunkt der Organisations-PR die strategische Steuerung bzw. Beeinflussung der öffentlichen Meinung steht. Eine vorherrschende öffentliche Meinung kann dann bspw. „eine gewisse Konstanz" zwischen den subjektiven Imagekonstruktionen der einzelnen Akteure meinen (BENTELE [3]2015b: 1135). Zentral bei der flächendeckenden Imagedurchsetzung ist der reflexive Charakter von Images. So dient die veröffentlichte Meinung in Form der durch Medien und PR vermittelten Images als Entwurf für die subjektiven Imagekonstruktionen (KÜCKELHAUS 1998: 327 f.). Die Unterstellung, dass andere das potenzielle Vertrauensobjekt für vertrauenswürdig halten, trägt dazu bei, dass auch

---

[12] Der radikale Konstruktivismus nimmt an, dass Realität nicht objektiv zugänglich ist, sondern nur subjektiv konstruierte Wirklichkeiten existieren. Dieser Ansicht stehen gemäßigtere Strömungen des Konstruktivismus gegenüber, wie z.B. BENTELES ([3]2015a) rekonstruktiver Ansatz. Dieser geht davon aus, dass neben subjektiv konstruierten Wirklichkeiten auch empirisch feststellbare existieren. Dieser Ansicht will sich die vorliegende Arbeit anschließen und im Folgenden von *Realität* sprechen, wenn eine empirisch feststellbare, „unabhängig von der Existenz [...] des Menschen existierende physikalische Welt" (RUPP 2008: 26) gemeint ist, und von *Wirklichkeit*, wenn auf subjektive Erscheinungen dieser Welt referiert wird.

das subjektive Bild über die Organisation derartig ausfällt bzw. ausfallen kann. Das Image fungiert damit als soziales Konstrukt zur Absicherung der eigenen Wirklichkeitswahrnehmung (KÜCKELHAUS 1998: 334).

Aus konstruktivistischer Perspektive muss das Image damit zwar als Qualität des Kommunizierenden angesehen werden, es stellt aber keine objektive Eigenschaft dar, sondern eine Zuschreibung bzw. Wirklichkeitskonstruktion, die aufgrund der Wahrnehmung und Bewertung von außen erfolgt (s. Kap. 1.2.3). Es wird deshalb auch als Fremdbild bezeichnet (BISCHL 2000: 102 ff.). Das Image einer Organisation beschreibt damit nicht, welche Eigenschaften eine Organisation tatsächlich innehat, sondern welche Eigenschaften das Bild der Bezugsgruppen über diese Organisation prägen. Bevor langfristig Vertrauen aufgebaut werden kann, muss zunächst durch die organisationale Kommunikationspolitik kurz- und mittelfristig der Eindruck der eigenen Vertrauenswürdigkeit gefördert werden.

Vertrauenswürdigkeit stellt in diesem Sinne eine Teildimension des Organisationsimages dar (REINMUTH 2006: 188), die durch Selbstdarstellung evoziert werden kann: „Im Prozess der Imagebildung, der durch den Bezug auf den Partner [bzw. die Bezugsgruppen; A.F.] ein wesentlich kommunikativer Prozess ist, spielt die angemessene Selbstdarstellung eine besondere Rolle" (BIERE 1994: 25).

2.2.2 Imagekonstruktion durch Selbstdarstellung

Selbstdarstellung meint „die Darstellung der eigenen Person oder des eigenen Unternehmens anderen und der Öffentlichkeit gegenüber" (BUNGARTEN 1994b: 7) und stellt eine notwendige Strategie „zur Herstellung eines bestimmten Ansehens in der öffentlichen Meinung" dar[13] (EBERT/PIWINGER 2007: 205). Sie trägt zur Eindruckssteuerung (auch: Impression Management) bei[14], „welches sich als zielgerichtete und aktive In-

---

[13] Den sozialpsychologischen Ausgangspunkt für die Selbstdarstellungsforschung stellt das Modell sozialer Interaktionen des Soziologen GOFFMAN (1986, [6]1988) dar. Er untersuchte Inszenierungstechniken und Regeln der Selbstdarstellung in Alltagssituationen anhand einer Theatermetapher, in der der Mensch seine Rolle als Schauspieler gegenüber dem Publikum zur Wirklichkeit werden lässt (RÜDIGER/SCHÜTZ 2016: 3). GOFFMAN (1986: 10) prägte in diesem Zusammenhang den Terminus „face" als ein „mit positiven sozialen Werten besetztes Selbstbild". Seine (und ähnliche) Arbeiten – von welchen im Folgenden z.T. Gebrauch gemacht werden soll – dienen als Grundlage für eine Vielzahl von unterschiedlichen Forschungsdisziplinen, so auch für die PR-Forschung. Die im Rahmen dieser Arbeit fokussierte Größe „Image" stellt das nicht an persönliche face-to-face-Interaktionen gebundene Äquivalent des von GOFFMAN geprägten Begriffes „face" dar. Damit wird auch klar, dass beide Termini voneinander abzugrenzen sind.

[14] Impression Management besteht über die eigene Inszenierung hinaus in der Kontrolle des sozialen Eindrucks, also dem Abgleich des von der Organisation gewünschten Bildes mit dem in der Öffentlich-

formationskontrolle definieren lässt" (RÜDIGER/SCHÜTZ 2016: 2). Durch Selbstdarstellung sollen für die Eindrucksbildung relevante Informationen gesteuert bzw. manipuliert werden (EBERT/PIWINGER 2007: 206), um letztlich auf Bedeutungszuschreibungen anderer Interaktionsteilnehmer bezüglich sich selbst Einfluss zu nehmen (MUMMENDY [2]1995: 117).

BIERE (1994: 8) stellt fest, dass ein Akteur, um sich selbst darzustellen, zwangsläufig eines Verständnisses des eigenen Selbst bzw. eines Selbstbildes bedarf. Das Selbstbild bildet die Basis für die „strategisch geplante und operativ eingesetzte Selbstdarstellung und Verhaltensweise eines Unternehmens nach innen und außen", die „mit dem Willen, alle Handlungsinstrumente des Unternehmens in einheitlichem Rahmen nach innen und außen zur Darstellung zu bringen" (SZYSZKA [3]2015b: 1098) zur Konstruktion eines definierten (Soll-)Images (oder anders: eines Soll-Fremdbilds) führen soll[15].

Geht man also davon aus, dass eine Organisation in aller Regel daran interessiert ist, ein positives Image aufzubauen und dieses die Dimension der Vertrauenswürdigkeit beinhaltet, wird klar, dass das kommunizierte Selbstbild Signale[16] enthalten muss, „von denen die Organisation annimmt, dass sie die Zuschreibung von Vertrauenswürdigkeit begünstigen" (SCHÄFER 2013: 15). Das Selbstbild, das die Organisation von sich vermittelt, geht demnach als maßgebliche Variable in den Prozess der Vertrauensförderung ein (SCHÄFER 2013: 15). DERIETH (1995: 97) hält fest:

> *Im Image vereinen sich [...] Wirklichkeit und Fiktion. Obgleich der Begriff Vorstellungsbild den Abbildungscharakter von Images recht treffend ausdrückt, verbirgt sich dahinter mehr als nur ein Abbild: Der konkret wahrnehmbare Unternehmenszustand mischt sich mit dem fiktiven, vom Unternehmen projizierten Selbstbild.*

Die kommunizierten Informationen haben demnach nicht notwendigerweise einen Wirklichkeitsanspruch: So können sie sowohl Ausdruck „wahrer Persönlichkeitsmerkmale" als auch „übertriebene Darstellungen" bestimmter Eigenschaften und Fähigkeiten sein (RÜDIGER/SCHÜTZ 2016: 3). Ob eine Organisation von der Öffentlichkeit als ver-

---

keit bestehenden Fremdbild (FREMERS [3]2015: 74). Dazu dienen bspw. Instrumente der Marktforschung wie Telefonumfragen, Interviews, etc.

[15] Die Handlungsinstrumente können eingeteilt werden in Instrumente von Corporate Design, Corporate Communication und Corporate Behaviour; sie bilden zusammen die Corporate Identity einer Organisation (BIRKIGT/STADLER/FUNCK [11]2002: 19). Das Image stellt damit „das Resultat eines strategischen und abgestimmten Mix des effektiven Einsatzes von Corporate Design, Corporate Communication und Corporate Behaviour" (ARNING 2012: 106) dar. Aufgrund der linguistischen Ausrichtung der vorliegenden Arbeit werden in der Analyse jedoch lediglich Erzeugnisse der Corporate Communication Beachtung finden.

[16] In Kapitel 1.2.2 wurde bereits festgehalten, dass es sich dabei um die Vermittlung von Vertrauen begünstigenden Faktoren handelt.

trauenswürdig wahrgenommen wird, hängt demnach nicht (nur) davon ab, ob sie es tatsächlich ist, sondern davon, ob sie sich über die Kommunikation ihres Selbstbildes als vertrauenswürdig darzustellen weiß. Die Konstruktion eines vertrauenswürdigen Images durch die Bezugsgruppen wird demnach entscheidend von den strategischen Selbstdarstellungshandlungen der Organisation bedingt.

Eine in der Literatur geläufige Klassifizierung strategischer Selbstdarstellungshandlungen findet sich bei RÜDIGER/SCHÜTZ (2016: 4 ff.). Die Autoren führen drei unterschiedliche Klassen an Selbstdarstellungshandlungen auf:

i) assertive Strategien, z.B. Darstellung von Kompetenz

ii) defensive Strategien, z.B. Entschuldigung, Umdeutung, Rechtfertigung

iii) offensive Strategien, z.B. Täter-Opfer-Umkehr, Kritik an Dritten

Während bei assertiven Strategien direkt der Aufbau positiver Selbstbilder angestrebt wird, fungieren defensive Strategien als verteidigende Maßnahmen bedrohter Selbstbilder (RÜDIGER/SCHÜTZ 2016: 29). Offensive Strategien wiederum wirken indirekt auf den Aufbau positiver Selbstbilder, indem ein aggressiver Umgang mit Dritten geübt wird (SCHÜTZ/HERTEL 2003: 94).

Festzuhalten ist jedoch auch, dass nicht nur „strategische Selbstdarstellungshandlungen und deren Interpretationen" die Imagekonstruktion durch die Bezugsgruppen beeinflussen, sondern „auch alle anderen Wahrnehmungsdaten" (BUNGARTEN 1994b: 8). GRÜNBERG et al. (2015: 288) verweisen in diesem Zusammenhang auf nicht selbstpräsentierten Wahrnehmungsdaten, z.B. Daten beruhend auf direkten Erfahrungen und sozialem Austausch oder durch Journalismus vermittelte Informationen. BISCHL (2000: 101) wiederum betont die Möglichkeit unbewusster Selbstdarstellungshandlungen [17], und BUNGARTEN (1994a: 44) verweist allgemein auf den subjektiven Charakter der Imagekonstruktion:

> *Die Wahrnehmungsdaten sind jedoch nicht unverrückbar, neutral und objektiv, sondern sie werden bereits im Rezeptionsprozess – gesteuert durch das subjektive Weltwissen, durch die Wahrnehmungs- und Aufmerksamkeitsrichtung und durch das subjektive Interesse des Wahrnehmenden – selektiert und interpretiert, um schließlich in die psychologische Repräsentation [...] des „Fremdbildes" (aus der Perspektive des Außenstehenden) überführt und gespeichert zu werden.*

---

[17] Dazu schreibt BISCHL (2000: 101): „Selbstdarstellung wird in Anlehnung an WATZLAWICKS pragmatische Axiome ‚one cannot *not* behave' und ‚one cannot *not* communicate' verstanden als Handlung, bei welcher der Handelnde nicht entscheiden kann, ob er sie vollzieht oder lässt. [...] Unternehmen können sich nicht *nicht* darstellen."

Deutlich wird in Anbetracht dieser Ausführungen zudem, dass eine hundertprozentige Kongruenz zwischen kommuniziertem Selbstbild und tatsächlichem Fremdbild nicht möglich ist und das angestrebte Ziel der PR-Kommunikation lediglich eine möglichst große Übereinstimmung zwischen Selbst- und Fremdbild einer Organisation (HASSI-NEN/WENNER 1994: 45), und zwar durch die Annäherung des Fremdbildes an das Selbstbild (ARNING 2012: 108), sein kann.

2.2.3   Imagekonstruktion durch Sprache

Wie die bisherigen Darlegungen zeigen, sind Organisationen an der Konstruktion einer „nach Maßgabe eigener intentionaler Zielvorgaben" (KÜCKELHAUS 1998: 274) entwickelten Organisationswirklichkeit interessiert. Dass Sprache ein zentrales Instrument zur Konstruktion von Wirklichkeit sein kann, wird von einer Reihe von Sprach- und Kognitionswissenschaftlern (SCHWARZ-FRIESEL [2]2013, SKIRL 2012 u.a.) attestiert. Im Kontext strategischer Kommunikation können Organisationen Sprache in diesem Sinne intentional nutzen, um nicht nur ihre eigene Konzeptualisierung der Organisationswirklichkeit (Selbstbild) zu manifestieren, sondern durch deren Verbreitung bzw. Projektion in die Öffentlichkeit gleichzeitig die Wahrnehmung der Organisationswirklichkeit von außen (Fremdbild bzw. Image) zu beeinflussen.

Grundlegend hierfür ist die Tatsache, dass jede sprachliche Referenz auf einen außersprachlichen Sachverhalt über den referenziellen Wert hinaus – Objekte und Sachverhalte der außersprachlichen Welt werden identifiziert und beschrieben – immer auch Fokussierungen und Deutungen des Textproduzenten enthält (SCHWARZ-FRIESEL [2]2013: 32). SCHWARZ-FRIESEL ([2]2013: 214 f.) prägt in diesem Zusammenhang die Begriffe der Perspektivierung und Evaluierung. In Anlehnung an die Kognitionswissenschaftlerin hält SKIRL (2012: 342) fest:

> *Geschehnisse, Sachverhalte usw. werden kaum je umfassend geschweige denn neutral oder objektiv berichtet, sondern aus einem spezifischen Blickwinkel, durch den bestimmte Aspekte fokussiert und andere ausgeblendet werden. Diese Perspektivierung ergibt sich aus den produzent/-inn/enseitigen Konzeptualisierungen (und kann auch von äußeren Kontextbedingungen beeinflusst werden). Verbalisierungsformen lassen dementsprechend Perspektivierungen erkennen [...]. In der Regel fließen in die komplexe verbale Textstruktur auch Bewertungskomponenten ein [...].*

Perspektivierungen sind somit eng verbunden mit Evaluierungen[18]. Eine Evaluierung ist dabei als eine sprachliche Bewertung eines Objekts/Sachverhalts zu verstehen, die implizit wie explizit ausgedrückt und sowohl positiv als auch negativ sein kann (SCHWARZ-FRIESEL [2]2013: 214). Evaluierungen können beispielsweise mittels Metaphern, konnotativer Lexik (SKIRL 2012: 342) sowie emotionsausdrückenden und emotionsbezeichnenden Ausdrücken (SCHWARZ-FRIESEL [2]2013: 144 ff.) kodiert werden[19]. Die durch den Textproduzenten vollzogene Perspektivierung kann sprachlich z.B. durch Themenstrukturierung bzw. -selektion sowie durch die Auswahl sprachlicher Mittel auf lexikalischer und syntaktischer Ebene kodiert werden (SKIRL 2012: 342).

Darüber hinaus wird ebenfalls das Emotionspotenzial eines Textes kodiert. Dieses wird über das Zusammenspiel von Perspektivierung und Evaluierung bestimmt (SCHWARZ-FRIESEL/CONSTEN 2014: 138). Das Emotionspotenzial ist dabei als etwas „in der Informationsstruktur [des Textes; A.F.] Verankertes", eine „inhärente Eigenschaft des Textes" (SCHWARZ-FRIESEL [2]2013: 214) zu verstehen. Es ist „von seinem Referenz- und Inferenzpotenzial determiniert" (SCHWARZ-FRIESEL [2]2013: 215) und muss vom Rezipienten erschlossen werden. Das produzentenseitig intendierte Emotionspotenzial kann eine Emotionalisierung beim Rezipienten auslösen, d.h. einen emotionalen Zustand aktivieren[20]. Es stellt jedoch lediglich die „prinzipielle Möglichkeit für eine emotionale Wirkung" (SCHWARZ-FRIESEL/CONSTEN 2014: 138) dar – diese muss weder gänzlich eintreten noch in der vom Textproduzenten intendierten Art (SKIRL 2012: 342).

Eine bestimmte sprachliche Kodierung lässt somit auf eine bestimmte Konzeptualisierung eines Sachverhalts aufseiten des Textproduzenten schließen. Verbalisierungen werden damit als „Spuren von kognitiven und emotionalen Prozessen und Zuständen"

---

[18] „Obwohl Perspektivierung und Evaluierung in natürlichsprachlichen Texten im Normalfall in Kombination miteinander realisiert werden" (SKIRL 2012: 343), lassen sie sich theoretisch zu Analysezwecken trennen. So wird bspw. in der Textsorte Nachricht häufig auf eine explizite Bewertung verzichtet; stattdessen wird ein Sachverhalt nur perspektiviert. Die Wertungskomponente, die dann mit einer Perspektivierung einhergeht, kann jedoch durch Aktivierung von Weltwissen, also z.B. durch Inferenzen, vom Rezipienten selbst erschlossen werden (SKIRL 2012: 344).

[19] SKIRL (2012: 344) macht darüber hinaus deutlich, dass eine Bewertung immer in Bezug auf ein bestimmtes Maßsystem erfolgt. Dieses kann auf nicht-emotionalen Aspekten basieren, also z.B. eine Bewertung hinsichtlich wirtschaftlicher, moralischer, politischer und anderer Maßstäbe darstellen. Oder es beinhaltet emotionale Aspekte, d.h. es handelt sich um emotionales Bewerten „in Bezug auf menschliches Erleben" (SKIRL 2012: 344), wie z.B. durch die Emotionen Liebe, Angst, Ekel, etc.

[20] Bezugnehmend auf die unter 1.1 erfolgten Darlegungen hinsichtlich der affektiven Komponente von Vertrauen, wird in dieser Arbeit davon ausgegangen, dass die Konstruktion eines vertrauenswürdigen Images eine Emotionalisierung der Bezugsgruppen voraussetzt. Siehe dazu auch Kap. 6.2.

(SKIRL 2012: 341) verstanden. So lassen beispielsweise zwei unterschiedliche sprachliche Kodierungen auch zwei unterschiedliche Konzeptualisierungen desselben Sachverhalts erkennbar werden. Die Relevanz für die Imagekonstruktion besteht nun darin, die Rezipienten zur Übernahme der den sprachlichen Kodierungen zu Grunde liegenden Konzeptualisierungen zu bewegen.

(1)   Der Skandal um den Autopreis „Gelber Engel" ist die größte Panne in der 111-jährigen Geschichte des ADAC. (*ADAC Motorwelt*, 02/2014, 20)

(2)   Die Manipulationen beim Autopreis "Gelber Engel" waren der Auslöser für die größte Krise in der ADAC-Geschichte. (Spiegel, 17.02.2014)

(1) und (2) zeigen beispielhaft unterschiedliche sprachliche Kodierungen desselben Sachverhalts. Während das Mitgliedermagazin des ADAC auf den „Gelben Engel"-Skandal mit *Panne* referiert und der Skandal durch dessen Konnotation als Missgeschick abgeschwächt bzw. als unbeabsichtigter Vorfall evaluiert wird, nutzt *Spiegel Online*[21] die Referenzialisierungen *Manipulationen* und *größte Krise*, um eine drastischere Negativbewertung der Vorkommnisse vorzunehmen. Die unterschiedliche Perspektivierung des Sachverhaltes ergibt sich aus der Themenstrukturierung bzw. der Auslassung von Informationen (SCHWARZ-FRIESEL [2]2013: 215). So wird im Gegensatz zu Beispiel (2) im Beispiel (1) auf die explizite Nennung der Manipulationen bzw. des organisationalen Fehlverhaltens verzichtet. Stattdessen wird durch die Referenzialisierung mittels des Lexems *Skandal* das Ziehen einer konversationellen Implikatur nahegelegt: Nicht der ADAC, sondern dessen Kritiker haben ein Fehlverhalten begangen, indem ein kleines Missgeschick zu einem Medienereignis dramatisiert wird. Hinzu kommt die Ambiguität des Lexems *Panne*. So meint *Panne* nicht nur ein kleines Missgeschick, sondern ebenso eine technische Störung, auf die derart gemeinhin im Kontext von Pkw-Schäden referiert wird – ein Wortspiel, das eine E-Implikatur ziehen lässt: Auch der ADAC erlebt mal eine Panne, obwohl er eigentlich der Pannenhelfer ist. Im Gegensatz zu (2) wird die Organisationswirklichkeit bei (1) damit für die Bezugsgruppen als deutlich weniger negativ bewertet.

Diese Überlegungen stellen den Ansatzpunkt der im Rahmen dieser Arbeit zu identifizierenden persuasiven Strategien dar. Für die sprachliche Darstellung der perspektivierten und bewertenden Wirklichkeitskonstruktion stehen dem Textproduzenten demnach

---

[21] Dieses Beispiel, das im Gegensatz zu allen anderen Korpus-Beispielen nicht der *ADAC Motorwelt* entstammt, wird präsentiert, um unterschiedliche Konzeptualisierungen aufseiten zweier unterschiedlicher Textproduzenten zu veranschaulichen.

neben „dem gesamten Spektrum der lexikalischen, syntaktischen und textuellen sprachlichen Optionen" (SKIRL 2012: 343) verschiedenste kommunikative Strategien zur Verfügung. Ziel der vorliegenden Arbeit ist es demnach, persuasive Strategien innerhalb dieser sprachlichen Selbstdarstellung zu konstatieren, die zur Konstruktion eines vertrauenswürdigen Images beitragen können: persuasive Strategien der Vertrauensförderung.

Es soll jedoch abschließend erneut betont werden, dass – wie bereits im Kontext der Imagekonstruktion durch Selbstdarstellung angedeutet – der Erfolg der Perspektivübernahme insgesamt als rezipientenabhängig bzw. subjektiv zu charakterisieren ist (SCHWARZ-FRIESEL [2]2013: 216). SCHWARZ-FRIESEL/CONSTEN (2014: 63) sprechen in diesem Zusammenhang von der Konstruktivität des Rezipienten. Demnach nehmen Rezipienten eine aktive Rolle beim Textverstehensprozess ein, indem sie textbasierte Bottom-up-Prozesse mit wissensbasierten Top-down-Prozessen[22] ergänzen (SCHWARZ-FRIESEL [2]2013: 34).

2.3 Zwischenfazit

Public Relations nehmen eine Schlüsselrolle bei der organisationalen Vertrauensförderung ein. Sprache ist ihr primäres Werkzeug: Durch eine perspektivierte, evaluierte und beabsichtigte emotionalisierende sprachliche Selbstdarstellung möchten organisationale PR-Schaffende als Textproduzenten Einfluss auf die Wirklichkeitswahrnehmung der Bezugsgruppen nehmen. Das Image einer Organisation, vertrauenswürdig zu sein, ist so als Wirklichkeitskonstruktion zu klassifizieren, die durch das Zusammenspiel von im projizierten Selbstbild kodierter Informationen vonseiten der PR sowie der Aktivierung von Weltwissen vonseiten der Rezipienten zustande kommt.

---

[22] „Bottom-up sind die Prozesse, die auf der Verarbeitung des tatsächlich verbal Kordierten basieren, top-down dagegen die Prozesse, die durch die Aktivierung von Weltwissen im LZG das expressis verbis ergänzen" (SCHWARZ-FRIESEL [2]2013: 34).

3. Vertrauensförderung als Persuasion

Die bisherigen Ausführungen haben verdeutlicht, dass es sich bei Vertrauen um eine soziale Einstellung handelt, deren Genese durch Vertrauensförderung, verstanden als kommunikative und systematische Einflussnahme, lanciert werden kann. Vertrauensförderung bedeutet damit gleichfalls Einstellungsbeeinflussung bzw. -änderung. Darüber hinaus wurde Vertrauen als Zielgröße organisationaler PR-Maßnahmen und PR u.a. als die intendierte Einstellungsbeeinflussung relevanter Teilöffentlichkeiten definiert.

Vertrauensförderung in der Öffentlichkeitsarbeit steht somit in mehrfacher Hinsicht im direkten Zusammenhang mit dem Begriff der Persuasion, der allgemein eine Einstellungsbeeinflussung oder -änderung (SCHÄFER 2012: 84) „als Folge von Informationsverarbeitung, oft in Reaktion auf Botschaften über den Einstellungsgegenstand" (STROEBE/JONAS/HEWSTONE 2002: 276) meint.

Doch welche Mittel der Persuasion sind es, die der Konstruktion eines vertrauenswürdigen Images dienen? Um sich dieser Frage zu nähern, soll zunächst differenziert auf den Terminus Persuasion eingegangen werden, bevor anschließend einleitende Überlegungen zu persuasiven Strategien der Vertrauensförderung angestellt werden.

3.1 Persuasion

Die Basis für die wissenschaftliche Auseinandersetzung mit der Persuasion liegt in der Rhetorik der Antike (MERTEN [3]2015: 386). So stellt ORTAK (2004: 6 f.) fest, dass bereits ARISTOTELES die Rhetorik definierte als „die Fähigkeit [...], das Überzeugende, das jede Sache innehat, zu erkennen", womit letztlich die Fähigkeit gemeint war, erkennen zu können, mit welchen Mitteln unter welchen Umständen Überzeugungen hervorgerufen werden können[23] (NOELLE-NEUMANN/SCHULZ/WILKE [3]2004: 407). PLATON wiederum bezeichnete die Rhetorik als „Meisterin der Überredung" (ORTAK 2004: 6) – und betonte damit die enge Relation zwischen Rhetorik und der Persuasion als intendierte Wirkung auf den Rezipienten (ORTAK 2004: 6).

Sowohl Aristoteles als auch Platon legten den Grundstein für die spätere Persuasionsforschung, und das trotz – oder aufgrund – der Tatsache, dass sie die in der Wissen-

---

[23] Als wesentliche Determinanten für eine erfolgreiche Persuasion benennt Aristoteles drei strategische Operationen: Logos als sachbezogene Argumentation der Rede; Ethos als Glaubwürdigkeit und Integrität des Redners; und Pathos als mögliche emotionale Wirkung der Rede auf die Rezipienten (ORTAK 2004: 14).

schaft bestehende Kontroverse hinsichtlich der konstitutiven Merkmale von Persuasion wiederspiegelten. So arbeitet ORTAK (2004), der eines der umfangreichsten Überblickswerke zur Persuasion herausgebracht hat, heraus, dass die aristotelische Begriffsbestimmung dazu anregt, schon den *„planmäßigen Versuch*, jemanden zu etwas zu veranlassen" (ORTAK 2004: 7; Herv. i. Orig.), als Persuasion zu verstehen, wohingegen die platonische Definition „das tatsächliche Eintreten eines bestimmten perlokutionären Effekts" (ORTAK 2004: 7), also die tatsächliche Wirksamkeit der Kommunikation, als konstitutiv versteht. ORTAK (2004) selbst distanziert sich von einer derartigen semantischen Verengung und beschreibt analog zu ARISTOTELES die *„illokutionäre, auf den perlokutionären Effekt abzielende* Handlungscharakteristik" (ORTAK 2004: 7; Herv. i. Orig.) als das notwendige und hinreichende Merkmal der Persuasion. Auch MERTEN ([3]2015: 386) erfasst Persuasion in diesem Sinne. Er spezifiziert diese intentionale Beeinflussung überdies als „nicht auf Gewalt oder Zwang, sondern nur auf *kommunikativem* Handeln" (MERTEN [3]2015: 385; Herv. i. Orig.) beruhend. Der Ansicht, Persuasion nicht als geglückte, sondern intentionale Beeinflussung durch Kommunikation zu verstehen, soll sich auch in der vorliegenden Arbeit angeschlossen werden. Dies ist nicht zuletzt daher als sinnvoll zu erachten, da erstens im Bereich der Öffentlichkeitsarbeit im Allgemeinen eine Überprüfung der Wirksamkeit der gestalteten Maßnahmen aufgrund ihrer hohen Reichweite[24] nur in begrenztem Rahmen bzw. stichprobenartig durch Medienbeobachtung, Befragungen in der Bevölkerung, etc. erfolgen kann; und zweitens die tatsächliche Zuschreibung von Vertrauenswürdigkeit wie bereits beschrieben rezipientenseitig erfolgt und im Rahmen dieser Arbeit nicht überprüft werden kann und soll. Da der Persuasionsprozess damit aus der Perspektive des Emittenten betrachtet wird, muss letztlich vom Persuasions<u>potenzial</u> der sprachlichen Mittel, nicht aber von ihrer faktischen persuasiven Wirkung gesprochen werden.

Der Begriff *Persuasion* ist lateinischen Ursprungs (lat. persuādēre). Im deutschen Sprachraum kommt es mit den Übersetzungen *Überredung* und *Überzeugung* zu einer begrifflichen Dichotomie (ORTAK 2004: 47). Obwohl ORTAK (2004: 47) betont, dass beide Übersetzungen hinreichend dem Zweck der Persuasion „als sprachliche Operation zur Herstellung von Akzeptanz" entsprechen, gilt mittlerweile als anerkannt, dass sie auf unterschiedliche Modi der Meinungs- und Einstellungsbeeinflussung referieren (MERTEN [3]2015: 385). MERTEN ([3]2015: 390) distinguiert folgendermaßen:

---

[24] So erreicht beispielsweise die *ADAC Motorwelt* mit einer Auflage von 13,66 Millionen Ausgaben 15,10 Millionen Leser (ADAC E.V. 2016).

Überzeugung basiert auf einer komplexeren Struktur. Überzeugung wird als ein Typus von Bewusstseinsänderung verstanden, der sich die jeweilige Person freiwillig, aber eher unbewusst aussetzt und die Bestand hat. Anders als die Überredung, die situationsgebunden eingesetzt wird und kurzfristig zu einer Entscheidung, z. B. zu einer Kaufhandlung, führen soll, ist bei der Überzeugung eine Bewusstseinsänderung notwendig, die stark emotional unterfüttert werden kann (erneut: durch Pathos) und daher laufend durch Kommunikation gestützt werden muss. Theoretisch kommen Überzeugungen – anders als bei der Überredung – dadurch zustande, dass sie reflexiv strukturiert werden: Man ist überzeugt von seiner Überzeugung, man glaubt an seinen Glauben, man vertraut auf sein Vertrauen. Diese Reflexivisierung macht Überzeugungen, sofern sie kommunikativ permanent gestützt werden, resistent – im Zweifelsfall sogar gegen das, was wir „Wirklichkeit" nennen.

Eine Überzeugung besteht somit in einer langfristigen Einstellungsbeeinflussung, die durch reflexive Mechanismen hervorgerufen wird und keine Anschlusshandlung notwendig macht, während die Überredung ein im Vergleich dazu geringeres reflexives Potenzial innehat, situativ verortet ist und kurzfristig den Vollzug einer Anschlusshandlung erzielen soll[25].

Ziel der Vertrauensförderung in der Öffentlichkeitsarbeit scheint entsprechend dieser Darlegungen die <u>Überzeugung</u> der Rezipienten zu sein. So wird zum einen bei der Förderung eines Vertrauensverhältnisses zwischen Organisation und Bezugsgruppen durch PR kein unmittelbarer und kurzfristiger Handlungsvollzug der Bezugsgruppen, sondern deren permanente Einstellungsbeeinflussung angestrebt; zum anderen wirken – wie schon LUHMANN ([4]2000: 85 ff.) feststellte – insbesondere beim (System-)Vertrauen reflexive Mechanismen: Der Einzelne ist sich darüber im Klaren, dass er vertrauen kann, weil andere Menschen auch vertrauen.

3.2 Persuasive Strategien und Vertrauensförderung

Um eine Einstellungsbeeinflussung der Rezipienten zu erzielen, werden vom Textproduzenten sogenannte persuasive Strategien eingesetzt. Persuasive Strategien sind als „kommunikative Verfahrensweisen [zu verstehen; A.F.], die spezifisch rezipientenbeeinflussend, d.h. intentional auf eine bestimmte Wirkung ausgerichtet sind" (SCHWARZ-FRIESEL [2]2013: 225). Der Textproduzent wählt demnach „in Hinblick auf eine bestimmte (kommunikative) Funktion bestimmte Argumente und sprachliche Mittel nach deren Eignung" (SCHWARZ-FRIESEL/REINHARZ 2013: 347) aus, wobei diese Auswahl sowohl bewusst als auch unbewusst erfolgen kann (SCHÄFER 2013: 82). Das zweckmäßige Ausrichten der Strategien erfolgt dabei „auf unterschiedlichen Ebenen des sprachlichen

---

[25] Für eine weiterführende Lektüre zur semantischen Relation zwischen Überzeugung und Überredung siehe ORTAK (2004: 51 ff.).

Handelns" (LENK 1998: 128), wie z.B. hinsichtlich inhaltlich-thematischer, sprachlich-stilistischer und handlungstypologischer Aspekte (BRINKER 1986: 174).

Persuasive Strategien werden in der Literatur verschiedenartig klassifiziert. So unterscheidet KLEIN (1994) zwischen argumentativen und suggestiven Strategien[26]. Während argumentative Verfahren scheinbar auf einer Konklusion beruhen oder diese zumindest anstreben (KLEIN 1994: 4), beschreiben suggestive Strategien vermeintlich diejenigen Verfahren, die „eine Bewertung für die Rezipienten akzeptabler – u.U. auch nur eindrucksvoller – machen sollen, ohne dass die Sachverhalte, die in diesen Verfahren angeführt oder arrangiert werden, in einer konklusiven, d.h. auf einer Regelhaftigkeit basierenden Fundierungsbeziehung stehen" (KLEIN 1994: 7). Suggestive Verfahren sollen demnach nicht durch Argumente Akzeptanz schaffen, sondern durch den Appell an die Emotionen der Rezipienten. Vor allem in Kognitionswissenschaft (SCHWARZ [3]2008, SCHWARZ-FRIESEL [2]2013, u.a.) wird von dieser Unterscheidung jedoch Abstand genommen: So wird mittlerweile von einer engen Verbindung zwischen kognitiven und emotiven Elementen bei Sprachverarbeitungsprozessen ausgegangen (s. auch Kap. 1.1). SCHWARZ-FRIESEL ([2]2013: 225) schließt in diesem Sinne eine rein argumentative Form der Persuasion aus und betont, dass alle von KLEIN aufgeführten Strategien „hinsichtlich der Emotionalisierung Anwendung finden" (SCHWARZ-FRIESEL [2]2013: 225).

Überträgt man diese Explikation auf das Erkenntnisinteresse der vorliegenden Arbeit, muss angenommen werden, dass persuasive Strategien der Vertrauensförderung weder rein rational noch rein emotional sein können, sondern dass sie – aufgrund der engen Verbindung von Kognition und Emotion im Allgemeinen und vor dem Hintergrund der kognitiven und affektiven Vertrauenskomponenten im Speziellen (s. Kap. 1.1) – beide Kenntnissysteme bedienen bzw. aktivieren. Mit anderen Worten: Persuasive Strategien der Vertrauensförderung streben eine Emotionalisierung der Rezipienten an, ohne dass jedoch rein emotionalisierende Strategien von rein rationalen unterschieden werden können. Jedoch stellt SCHWARZ-FRIESEL ([2]2013: 225) fest, dass aufgrund der Tatsache, dass Emotionalisierung für eine „intensivere Wirkung" bei den Rezipienten sorgt und damit als „Garant für wirkungsvolle Persuasion" (SCHWARZ-FRIESEL [2]2013: 225) gilt, die über das textuelle Emotionspotenzial realisierte und intendierte Emotionalisierung selbst als persuasive Strategie beschrieben werden kann (SCHWARZ-FRIESEL [2]2013:

---

[26] KLEIN (1994: 4) räumt Überschneidungen ein: „Ich nehme an, daß Argumentativität und Suggestivität nicht einfach Oppositionsbegriffe sind, sondern daß die Verfahren mehr oder weniger argumentativ bzw. suggestiv sind und daß es Verfahren im Grenzbereich zwischen beiden gibt."

225). Dieser Beobachtung will sich auch die vorliegende Arbeit anschließen und von einer intendierten Emotionalisierung als übergeordnete persuasive Strategie der Vertrauensförderung ausgehen (s. Kap. 6.2).

Persuasive Strategien werden darüber hinaus nach dem Gebiet ihrer Anwendung unterschieden. „Je nach Textsorte und sozialem Bereich, in denen sie Anwendung finden [...], kann ihr Einsatz divergieren, da sich aus der jeweiligen Wirkungsintention unterschiedliche argumentative und strukturelle Anforderungen ergeben" (SCHWARZ-FRIESEL/CONSTEN 2014: 147). Da Persuasion, abgesehen von ihrer wichtigen Funktion in Alltagssituationen, insbesondere in der massenmedialen Kommunikation von Bedeutung ist, ist festzustellen, dass persuasive Strategien bislang v.a. in der Werbung (JANICH [6]2013, STÖCKL 1997), Politik (GUTTKE 2010) und Presse (KLEIN 1994) untersucht wurden. SCHWARZ-FRIESEL ([2]2013: 225 ff.) führt darüber hinaus persuasive Strategien der massenmedialen Berichterstattung auf, wobei sie im Wesentlichen KLEINS (1994) Strategien in der Presse bestätigt, seiner Gliederung in argumentative und suggestive Verfahren aufgrund der schon dargelegten engen Verbindung von Kognition und Emotion jedoch widerspricht. Wenngleich auch PR der Einsatz persuasiver Kommunikationsstrategien, u.a. zur Imagebildung (JARREN/RÖTTGER [3]2015: 42), vielfach attestiert wird, sind linguistische Auseinandersetzungen mit konkreten Strategien auf diesem Gebiet bislang nicht bzw. kaum erfolgt[27].

Als Ausgangspunkt für die Untersuchung persuasiver Strategien der Vertrauensförderung im Bereich der Öffentlichkeitsarbeit sollen im Rahmen dieser Arbeit die persuasiven Strategien der massenmedialen Berichterstattung nach SCHWARZ-FRIESEL ([2]2013) dienen. Grundlegend für dieses Vorgehen ist die Annahme, dass Kunden- und Mitgliederzeitschriften (zu denen auch die *ADAC Motorwelt* zählt) Charakteristika mit journalistischen Darstellungsformen teilen (KLEINERT 2008). Diesbezügliche konkretere Erläuterungen erfolgen innerhalb der methodischen Überlegungen (s. Kap. 4.2). Im Folgenden soll die Gesamtheit an persuasiven Strategien der massenmedialen Berichterstattung vorgestellt werden; welche Strategien innerhalb der Korpusanalyse der vorliegen-

---

[27] Im Rahmen der für die vorliegende Arbeit erfolgten Literaturrecherche konnten vorrangig Untersuchungen zu PR-Strategien ausgemacht werden, die innerhalb der (kommunikationswissenschaftlichen) PR-Forschung zu verorten sind (FRÖHLICH/KOCH 2015). Dabei wird der Strategiebegriff zumeist im Kontext ganzheitlich angelegter PR-Kampagnen verstanden (RÖTTGER 2007) und nicht auf konkrete Kommunikate bezogen. Ausführungen hinsichtlich (der sprachlichen Gestaltung) möglicher kommunikativer Strategien bleiben vor diesem Hintergrund aus bzw. an der Oberfläche.

den Arbeit ermittelt wurden, wird an späterer Stelle mit der Ergebnispräsentation ersichtlich.

Berufung auf Autoritäten

(3) Nachdem es derlei Schilder in Spanien und Frankreich schon längst gab, war es der ADAC Verkehrsingenieur Thomas Hessling, der die Sache anschob und mit der Bundesanstalt für Straßenwesen die Richtlinien entwickelte. (*ADAC Motorwelt*, 02/2014, 74)

Referenz auf regelhafte Beziehungen

(4) Fast 19 Millionen Mitglieder zählte der Club Ende November 2013 - kein Wunder, dass der ADAC diesem Wachstum auch gerecht werden möchte: Um weiterhin schnell und zuverlässig Pannenhilfe leisten zu können, hat die ADAC Straßenwacht im vergangenen Jahr mehr als 120 Kfz-Mechatroniker als Gelbe Engel neu eingestellt. (*ADAC Motorwelt*, 01/2014, 99)

Referenz auf kausale Faktoren

(5) Da wir Testergebnisse und die Testdurchführung veröffentlichen, wissen die Entwicklungsabteilungen aller Hersteller, wie man sehr gute Produkte bauen könnte. (*ADAC Motorwelt*, 02/2014, 28)

Berufung auf Authentizität

(6) Bei Fachleuten international anerkannt ist der ADAC EcoTest, bei dem Verbräuche und Abgaswerte gemessen werden, die realistischer sind als die EU-Abgaben, die Autohersteller anführen. (*ADAC Motorwelt*, 02/2014, 27)

Präsentation von Sympathieträgern

(7) Die kleine Leona kam mit nur sieben Monaten im Kosovo zur Welt. Da ihre Eltern ADAC Plus-Mitglieder sind, holte der Club sie zurück nach Deutschland. (*ADAC Motorwelt*, 2/2014, 86)

Präsentation der Atmosphäre über Analogien

(8) Als ob sich der Himmel das alles für diesen einen Tag aufgespart hätte: Zum Schichtbeginn von ADAC Straßenwachtfahrer Werner Ullmann am 21. Januar schüttet es wie aus Kübeln. (*ADAC Motorwelt*, 02/2014, 21)

Hervorhebung

(9) Wir sind dem ADAC unglaublich dankbar. (ADAC-Mitglied Majlinder Hykasmoni, *ADAC Motorwelt*, 02/2014, 87)

Kontrastierung

(10) Die ADAC-Versicherungen sind ein solcher Partner: Weil der Versicherte bei uns auch Mitglied ist, beschränkt sich die Hilfe nicht auf Kostenersatz, sondern die ADAC Versicherungen helfen aktiv. (*ADAC Motorwelt*, 04/2014, 56)

3.3 Zwischenfazit

Vertrauensförderung in der Öffentlichkeitsarbeit zielt auf eine intendierte Einstellungsbeeinflussung ab und ist damit vor dem Hintergrund theoretischer Erkenntnisse der Persuasionsforschung zu beleuchten. Langfristig kann eine vertrauensvolle Beziehung dann gefördert werden, wenn die Rezipienten von der Darstellung der vertrauenswürdigen Organisationswirklichkeit <u>überzeugt</u> sind. Um dies zu erreichen, bedarf es persuasiver Strategien, die die organisationale Vertrauenswürdigkeit sprachlich darstellen. Dabei wird u.a. davon ausgegangen, dass die intendierte Emotionalisierung der Rezipienten die Akzeptanz der sprachlich kodierten Darstellung der organisationalen Vertrauenswürdigkeit stützt. Für die Ermittlung der weiteren Strategien der Vertrauensförderung werden in der nachfolgenden Analyse als Ausgangsbasis Strategien der massenmedialen Berichterstattung (SCHWARZ-FRIESEL [2]2013) herangezogen.

4. Methodik

Anliegen der vorliegenden Arbeit ist es, persuasive Strategien der Vertrauensförderung in der Öffentlichkeitsarbeit zu ermitteln. Dazu wird ein Korpus, bestehend aus Ausgaben der ADAC-Mitgliederzeitschrift *Motorwelt* (Kap. 4.2), untersucht. Grundlegend für diese Untersuchung ist neben Kenntnissen zum ADAC und dessen Zielen, Aufgaben, etc. das Wissen um die Manipulationen beim Leserpreis „Gelber Engel" (Kap. 4.1) sowie die sich daraus ableitende Aufteilung der Analysezeiträume (Kap. 4.3).

4.1   Der Anlass: der ADAC und der „Gelbe Engel"-Skandal

Der Allgemeine Deutsche Automobil-Club e.V., kurz ADAC, ist mit derzeit knapp 19 Millionen Mitgliedern (Stand: Dezember 2014) der größte Automobilclub Europas und der zweitgrößte weltweit (ADAC E.V. 2015a). Der Zweck des Automobilclubs besteht in der „Wahrnehmung und Förderung der Interessen des Kraftfahrtwesens, des Motorsports und des Tourismus" (ADAC E.V. 2015b: 2). Neben der bekanntesten Dienstleistung, der Pannenhilfe, engagiert sich der ADAC besonders in den Bereichen Verkehrssicherheit, Straßenverkehr, Verbraucherschutz sowie Verkehrserziehung (ADAC E.V. 2015a) und betreibt dafür bspw. Fahrsicherheitszentren, bietet Reise- und Unfallversicherungen an und führt Verbrauchertests durch.

Lange Zeit galt der ADAC als eine der vertrauenswürdigsten Institutionen Deutschlands: Die Mitgliederzahlen des Vereins stiegen jedes Jahr aufs Neue, auch nach direktem Nachfragen blieben Verbesserungswünsche an den Verein vonseiten der Mitglieder aus (PERSPEKTIVE DEUTSCHLAND 2005), und der ADAC selbst war ein Symbol für Vertrauen, Engagement und Zuverlässigkeit (KUNDENMONITOR 2012).

Am 14. Januar 2014 dann berichtet *die Süddeutsche Zeitung* über Manipulationen bei der Vergabe des „Gelben Engels"; eines Publikumspreises, zu dessen alljährlicher Wahl der Club seine Mitglieder über die Mitgliederzeitschrift *ADAC Motorwelt* aufruft. Demnach hatte der Automobilclub die Zahl der abgegebenen Stimmen in der Kategorie „Lieblingsauto der Deutschen" um ein Vielfaches nach oben korrigiert. Nach einem anfänglichen Dementi vonseiten des ADAC wird nach und nach klar: Der Club hat nicht nur die Stimmenanzahl manipuliert, sondern ebenso die Reihenfolge der Platzierung. Und das nicht einmalig – auch die Wahlen der Vorjahre, beginnend im Jahr 2009 sind betroffen. Die Folgen für den Club: Mehr als eine Viertelmillion Menschen verlassen in den ersten vier Monaten nach Bekanntwerden der Manipulationen den Club

(SPIEGEL ONLINE 2014), der ADAC-Kommunikationsdirektor und *Motorwelt*-Chefredakteur Michael Ramstetter sowie der ADAC-Präsident Peter Mayer müssen gehen, und nach offiziellen Umfragen sinken die Vertrauenswerte des Automobil-Clubs bundesweit um mehrstellige Prozentbeträge (INSTITUT FÜR DEMOSKOPIE ALLENSBACH 2014).

Ende Januar 2014 verspricht der ADAC ein Reformprogramm. Mit einer „Reform für Vertrauen" will der Club das verlorengegangene Vertrauen der Mitglieder und anderer Stakeholder zurückgewinnen. Dazu soll die Neuausrichtung des Clubs bis Ende 2016 „ein klares Signal für mehr Transparenz und intensivere Mitgliedereinbindung" (ADAC E.V. 2015c) sein.

Die vorliegende Arbeit nimmt die Geschehnisse um den „Gelben Engel"-Skandal zum Anlass zu überprüfen, inwiefern das Vorhaben des ADAC, das verlorengegangene Vertrauen zurückzugewinnen, zu Beginn der Reform und unmittelbar nach Bekanntwerden des Skandals kommunikativ umgesetzt wurde bzw. wie vor Bekanntwerden des Skandals und des damit einhergehenden Vertrauensverlustes für Vertrauen vonseiten der Stakeholder geworben wurde.

4.2 Korpus

Für das Korpus wurden alle Ausgaben der ADAC-Mitgliederzeitschrift im Zeitraum von November 2013 bis April 2014 zusammengetragen. Da die *ADAC Motorwelt* einmal monatlich erscheint, handelt es sich damit um sechs Exemplare. Ausschließlich Clubmitglieder erhalten die Zeitschrift. Die Zustellung erfolgt prinzipiell postalisch und unaufgefordert; auf die Zeitschrift kann jedoch auf Wunsch auch als PDF über einen Online-Zugang zugegriffen werden. Der große Vorteil dieser Bezugsweise liegt in den geringen Streuverlusten (KLEINERT 2008: 21). So hat die *ADAC Motorwelt* nach ADAC-Angaben eine Auflage von 13,66 Millionen Exemplaren und eine Reichweite von 15,10 Millionen Lesern. Die Differenz zu 19 Millionen Mitgliedern ist durch Partnermitgliedschaften in einem Haushalt begründet (ADAC e.V. 2016).

Inhaltlich behandelt die *ADAC Motorwelt* Themen rund um Reisen, Motorsport, Urlaub, Automobil und Verkehr sowie den Automobilclub selbst (ADAC e.V. 2016). Neben diesen redaktionellen Beiträgen sind Werbeanzeigen, wie z.B. durch Reiseveranstalter, Elektronikhersteller etc. geschaltet. Bei der Analyse wurden jedoch ausschließlich redaktionelle Inhalte berücksichtigt und geschaltete Werbeanzeigen sowie Leserbriefe ausgespart. Wenngleich nicht ausgeschlossen werden kann, dass auch diese Inhalte durch die positive Resonanz vonseiten der Leser oder durch die Assoziation mit Fremdunternehmen zur Vertrauensförderung beitragen, möchte sich die vorliegende Arbeit ausschließlich auf Inhalte konzentrieren, die vom ADAC selbst als Kommunikator verfasst wurden. Zudem soll der Fokus auf PR-Texte gesetzt und Werbung damit ausgespart werden.

Die Entscheidung, das Korpus ausschließlich auf das PR-Instrument der Mitgliederzeitschrift einzuschränken, erfolgte auf Basis verschiedener Überlegungen. Erstens handelt es sich bei der Auszeichnung „Gelber Engel" um den Leserpreis der *ADAC Motorwelt*, sodass vermutet werden kann, dass die medialen Enthüllungen um die Manipulationen auch – wenn nicht gar insbesondere – Auswirkungen auf die organisationale Kommunikation in eben diesem Medium haben. Zweitens bezeichnet der Automobilclub selbst die *ADAC Motorwelt* aufgrund der hohen Auflage und Reichweite als den „mit Abstand wichtigsten Kommunikationskanal" (ADAC e.V. 2016) zu seinen Mitgliedern, was ebenfalls die Annahme untermauert, dass kommunikative Bemühungen, das Vertrauensverhältnis zu den Mitgliedern aufrechtzuerhalten, über dieses Medium stattfinden. Drittens konnte durch kursorische Sichtung anderer kommunikativer PR-Instrumente (z.B. Newsletter, Pressemitteilungen, etc.) festgestellt werden, dass vielfach inhaltliche wie stilistische Parallelen und Überschneidungen zwischen der *ADAC Motorwelt* und übrigen Medien bestehen und die Zeitschrift durch ihre monatlich-umfangreiche Erscheinungsform als repräsentativer und gleichzeitig gut zugänglicher Kommunikationskanal aufgefasst werden kann:

(11) Wir sind <u>überzeugt</u>, dass die <u>Glaubwürdigkeit des ADAC nur</u> mit einem <u>umfassenden Maßnahmenpaket</u> wiederhergestellt werden kann. Deshalb haben wir jetzt <u>einen systematischen und umfassenden Prozess</u> der Neuausrichtung angestoßen. (ADAC-Präsident Peter Meyer, *ADAC Motorwelt*, 02/2014, 5)

(12) Wir sind von den aktuellen Ereignissen tief betroffen und <u>überzeugt</u>, dass nur ein <u>umfassendes Maßnahmenpaket die Glaubwürdigkeit des ADAC</u> wieder herstellen kann [...] Das Präsidium wird schon in den nächsten Tagen den Gremien des ADAC einen <u>systematischen und umfassenden Reformprozess</u> vorschlagen. (Pressemitteilung, ADAC e.V., 29.01.2014)

Nicht zuletzt muss darauf hingewiesen werden, dass die Berücksichtigung sämtlicher Produkte und Zeugnisse der ADAC-Öffentlichkeitsarbeit aufgrund ihres Umfangs erschwert wird. Durch die Beschränkung des Korpus auf die *ADAC Motorwelt* wird einer Willkür in der Auswahl des Analysematerials entgegengewirkt.

Ein weiteres Argument dafür, das Korpus auf die *ADAC Motorwelt* zu beschränken, ist die Tatsache, dass es sich hierbei um eine Mitgliederzeitschrift und somit um ein Instrument des Corporate Publishing handelt. Corporate Publishing meint „den Prozess und das Ergebnis der Planung, Herstellung, Organisation und Evaluation von Organisationspublikationen" (Bentele ³2015c: 1010). Die *ADAC Motorwelt* ist demnach als Organisationspublikation zu klassifizieren, deren wesentliche Aufgaben schon per Definition die Imagegestaltung sowie die Darstellung von Glaub- und Vertrauenswürdigkeit darstellen (Kleinert 2008: 40 ff.). Als Organisationspublikation handelt es sich darüber hinaus bei der *ADAC Motorwelt* um ein Medium, das nicht auf die weitere Vermittlung durch den Journalismus angewiesen ist und dessen Inhalte daher nicht modifiziert werden, z.B. durch den Einfluss von Nachrichtenredakteuren[28]. So ist sichergestellt, dass selbst produzierte Publikationen nach Organisationsvorstellungen konzipiert werden (Bischl 2000: 51). Kückelhaus (1998: 344) attestiert Eigenpublikationen vor diesem Hintergrund, dass „das unternehmerische Selbstbild zu einem idealisierten Konstrukt unternehmerischer Wirklichkeit" werde.

Trotz dieser Beobachtungen, welche die Mitgliederzeitschrift als Instrument des Corporate Publishing eindeutig mit der Selbstdarstellungsleistung von Öffentlichkeitsarbeit zusammenbringen, muss darauf hingewiesen werden, dass Kunden-, Mitarbeiter- wie Mitgliederzeitschriften Parallelen zu journalistischen Publikationen aufweisen. Dazu trägt insbesondere der Einsatz sogenannter informierender Darstellungsformen, wie z.B. (Leit-)Artikel, Nachricht, Interview, Bericht, Reportage etc., bei (Kleinert 2008: 66). Da der vermeintliche Anspruch dieser Darstellungsformen in einer möglichst neutralen und objektiven Darstellung von Ereignissen besteht (Peters 2012: 12 ff.), sollen so die eigentlichen Zwecke und Persuasionsabsichten der Mitgliederzeitschrift, wie z.B. die Imagebildung und der Vertrauensaufbau, verschleiert werden (Kleinert 2008: 65 f.).

Es scheint für die Zwecke dieser Arbeit daher nicht sinnvoll, im Einzelnen die Textsorten und Textfunktionen dieser journalistischen Darstellungsformen zu beleuchten; vielmehr soll mit Hinblick auf den Zusammenhang von PR und Vertrauen von einer gemeinsamen Bereichsfunktion[29] der zu analysierenden Texte ausgegangen werden, näm-

---

[28] Aus Platzgründen muss im Rahmen dieser Arbeit auf eine Darstellung der Interdependenzen zwischen PR und Journalismus, wie z.B. bei der klassischen Pressearbeit oder mittels der Gatekeeper-Theorie (vgl. Bentele/Fechner ³2015: 319 ff.), verzichtet werden. Für eine weiterführende Lektüre sei bspw. auf den Sammelband von Fröhlich, R./Szyszka, P./Bentele, G. (Hg.) ³2015 hingewiesen.

[29] Die Bereichsfunktion meint „die Leistungen von Textdiskursen in übergeordneten sozialen Handlungen für ein System und dessen Interaktion mit anderen Systemen der Gesellschaft" (Gansel/Jürgens 2002: 60 zitiert nach Schäfer 2013: 128). Die Bereichsfunktion stellt damit nicht die primäre, sondern eine

lich der Vertrauensfunktion. Dieses Vorgehen ermöglicht es, allen informierenden Darstellungsformen im Korpus eine intendierte Vertrauensförderung zu unterstellen und
bietet damit die Grundlage für die nachfolgende Analyse.

4.3   Analysezeiträume

In der Analyse werden zwei Zeiträume kontrastiert: Analysezeitraum I (AZ I) reicht von
November 2013 bis Januar 2014. Es wird davon ausgegangen, dass dem ADAC in dieser Phase starkes Vertrauen vonseiten seiner Mitglieder zukam. Die Vertrauensbeziehung war bereits über einen langen Zeitraum stabil und wurde im öffentlichen Raum
weder prinzipiell angezweifelt noch thematisiert. Mit Blick auf die unter 1.2.1 vorgestellten Entwicklungsphasen von Vertrauen wird das Vertrauen im AZ I als ausgeprägt
klassifiziert. Demgegenüber steht eine durch einen Vertrauensbruch eingeleitete Phase:
der Analysezeitraum II (AZ II). Er beginnt im Februar 2014 und endet im April desselben Jahres. Beide Zeiträume umfassen damit jeweils drei Monate bzw. drei Ausgaben
der *ADAC Motorwelt*.

Die Zeiträume wurden zunächst hypothetisch aufgrund des Bekanntwerdens der Manipulationsvorwürfe Mitte Januar 2014 bestimmt. Zur Überprüfung dieser Gliederung
dienten mehrere Informationsquellen. Zum einen konnte durch das Hinzuziehen von
Verbraucherumfragen (Q_PERIOR 2014, GRIEGER MARKTFORSCHUNG 2014) konstatiert
werden, dass nach den Enthüllungen um den „Gelben Engel" durchschnittlich ca. drei
Viertel der Deutschen zwischen Ende Januar und Anfang Februar 2014 die Vertrauenswürdigkeit des Clubs anzweifelten. Zum anderen bestätigte die mediale Anschluss-
kommunikation über das Verhalten der Mitglieder gegenüber dem ADAC diese Aussagen: So kann beispielsweise die medial viel beachtete „Kündigungswelle beim ADAC"
im Anschluss an das Bekanntwerden der Manipulationen (SPIEGEL ONLINE 2014) als
offenes Verhalten der Mitglieder gegenüber dem ADAC als Einstellungsobjekt gewertet
werden und suggeriert damit einen ab diesem Zeitpunkt stattgefundenen Vertrauensbruch.

Darüber hinaus konnten die unter 1.2.1 theoretisch erbrachten Darlegungen quantitativ
untermauert werden: So kam es nach dem vermeintlichen Vertrauensbruch verstärkt zu
expliziten Thematisierungen des Vertrauensverhältnisses, wodurch die Einteilung der

---

subsidiäre Kommunikationsabsicht dar (SCHÄFER 2013: 128) und ist von der Textfunktion abzugrenzen.
So ist sie „auf einer höheren Abstraktionsstufe angesiedelt, denn sie kann durch verschiedene Textfunktionen und -elemente realisiert werden" (SCHÄFER 2013: 128).

Analysezeiträume als bestätigt angesehen werden kann. Die folgende Tabelle veranschaulicht das gemeinsame Vorkommen der Lexeme *Vertrauen, vertrauenswürdig* und *vertrauen* (inkl. der Deklinationen und Konjugationen) in Bezug auf den ADAC selbst und ohne direkten Bezug zum ADAC:

AZ	Ausgabe	Eigene Attribuierung	Fremdattribuierung
	November 2013	1	1
I	Dezember 2013	1	0
	Januar 2014	1	1
	Februar 2014	14	3
II	März 2014	7	1
	April 2014	8	2

Abb. 3: Quantitatives Vorkommen von *Vertrauen, vertrauen* und *vertrauenswürdig* in absoluten Zahlen

Die tabellarische Aufstellung verdeutlicht: Zwischen der Januar- und der Februar-Ausgabe der *ADAC Motorwelt* ist eine eindeutige Zäsur hinsichtlich expliziter Vertrauensthematisierungen erkennbar.

4.4 Qualitative Korpusanalyse

Die Absicht der vorliegenden Arbeit bestand in einer qualitativen Analyse des Korpus. Dabei wurden verschiedene Darstellungsformen innerhalb der *ADAC Motorwelt* hinsichtlich ihres persuasiven Potenzials der Vertrauensförderung untersucht. Als zentrale Vorgehensweise erwies sich dabei die Deskription und Explikation der Phänomene der Perspektivierung und Evaluierung bei der Konstruktion eines vertrauenswürdigen Images. Teilweise mussten dabei indirekt signalisierte, d.h. implizit zu verstehende Informationen durch das Hinzuziehen von Kontextfaktoren rekonstruiert werden. Die Ergebnisse zeigen sich in der Konstatierung persuasiver Strategien, deren Potenzial der Vertrauensförderung durch ihre inhaltlich-thematische Relation zu den im Theorieteil etablierten Vertrauen begünstigenden Faktoren attestiert wurde. Die Ergebnisse dieser Analyse werden in Kapitel 5 zusammengefasst. Im nächsten Schritt wurden die phasenabhängig manifestierten Strategien einander kontrastiv gegenübergestellt. Ziel war es, qualitative Unterschiede im Einsatz vertrauensfördernder Strategien zwischen den festgelegten Analysezeiträumen zu ermitteln. Die mit der Ergebnispräsentation dargelegten Funde stellen repräsentative Beispiele für die Analyse des vorliegenden Korpus dar, es wird kein Anspruch auf Vollständigkeit erhoben. Die Feststellung möglicher quantitativer Unterschiede in der Frequentierung der Strategien übersteigt den Rahmen dieser Arbeit und blieb daher unberücksichtigt – sie stellt jedoch ein Erkenntnisinteresse für zukünftige Untersuchungen dar (s. Kap. 7).

Die tatsächliche Wirkung auf den Rezipienten wurde nicht untersucht. Das Persuasionspotenzial ist wie in Kap. 2.2.3 bereits ausgeführt analog zum Emotionspotenzial „als inhärente Eigenschaft eines Textes" (SCHWARZ-FRIESEL [2]2013: 214) zu verstehen und unterstellt somit lediglich eine intendierte Wirkung von Produzentenseite. Die Intention der Vertrauensförderung wurde bereits durch die Deskription von Vertrauen als Zielgröße von PR (s. Kap. 2.1) und der Berücksichtigung der Bereichsfunktion verschiedener Darstellungsformen (s. Kap. 4.2) unterstellt.

5. Präsentation der Ergebnisse

Im Folgenden werden die Ergebnisse der Korpusanalyse vorgestellt. Kreuze zeigen an, ob die jeweilige (Sub-)Strategie im AZ I und/oder AZ II ermittelt werden konnte. Substrategien werden als unterschiedliche Ausprägungen der übergeordneten Strategie verstanden.

Strategie	Substrategie	AZ I	AZ II
Persönlichen Bezug herstellen	Präsentation von Sympathieträgern	X	X
	Präsentation verbrauchernaher Lebenswirklichkeiten	X	X
	Direkte Anrede und Appelle	X	X
Kompetenz vermitteln	Präsentation von Experten	X	X
	Präsentation des Leistungsspektrums	X	X
	Erteilen individuelle Handlungsempfehlungen	X	X
	Herausstellen verbraucherrelevanter Missstände	X	X
	Verweis auf Tradition und Erfahrungen		X
Transparenz suggerieren	Präsentation externer Kontrollen und Kontrollinstanzen		X
	Offenlegung von Arbeitsschritten und Arbeitsprozessen		X
Integrität suggerieren	Hervorheben verantwortungsethischer Ziele		X
	Einräumen von Fehlern und Versäumnissen		X
	Rechtfertigung		X
	Herausstellen der eigenen Kritikfähigkeit		X

Abb. 4: Vorkommen der persuasiven Strategien der Vertrauensförderung nach Analysezeiträumen

Die Ergebnispräsentation wird in Anlehnung an die obige Übersicht erfolgen und damit zunächst die phasenübergreifenden Strategien darlegen. Eine weiterführende Diskussion der Analyse-Ergebnisse erfolgt im Anschluss in Kapitel 6, an dieser Stelle soll jedoch bereits auf die Tatsache hingewiesen sein, dass verschiedenste Korpus-Beispiele zu mehr als einer Substrategie in Verbindung gesetzt werden konnten. Die Präsentation der Funde wird die damit einhergehende Kopplung verschiedener vertrauensfördernder Strategien exemplarisch veranschaulichen.

5.1 Persönlichen Bezug herstellen

Die Strategie „Persönlichen Bezug herstellen" steht in Relation zu den Vertrauen begünstigenden Faktoren „Interesse" und „Koordiniertes Handeln". Ein persönlicher Bezug zum Rezipienten meint, dass ihm und seinen Anliegen vonseiten des Textproduzenten Interesse entgegengebracht wird, ihm damit Kooperationsbereitschaft signalisiert wird und letztlich die Voraussetzungen zum gemeinsamen Handeln geschaffen werden. Die folgenden Darlegungen sollen diese Annahme mithilfe linguistischer Kategorien untermauern.

5.1.1 Präsentation von Sympathieträgern

In der *ADAC Motorwelt* werden Sympathieträger sowohl aufseiten der Club-Mitglieder bzw. Verbraucher als auch aufseiten des Clubs präsentiert:

(13)   Gerade ältere Kunden sollen so für die Busse von ADAC und Post begeistert werden. Und es scheint zu gelingen. Ordensschwester Hildegard Heilmeier, die erste Fahrschein-Käuferin für den ADAC Postbus: „Ursprünglich wollte ich nie wieder Bus fahren, da es körperlich sehr schwer war, einen Bus zu besteigen und die Toilette im Bus zu benutzen. Aber die Fahrt mit dem ADAC Postbus war sehr angenehm, ich konnte die Beine ausstrecken und aufstehen." (*ADAC Motorwelt*, 11/2013, 100)

(14)   Michael Müller wird an diesem Abend Clubmitglied. Der Elektriker steht mit seinem silbernen VW Caddy in einer Einkaufsstraße im Zentrum Münchens. „Servus", begrüßt ihn Mike Scharnagl und lacht. „Ein Elektriker ohne Ampere? Was ist da los?" Müller grinst. (*ADAC Motorwelt*, 02/2014, 22)

Die Präsentation von Sympathieträgern geht sowohl bei Beispiel (13) als auch bei Beispiel (14) mit der Inszenierung von Einzelschicksalen einher. SCHWARZ-FRIESEL ([2]2013: 227) stellt fest, dass der Rezipient durch eine solche erzählerische Strategie unmittelbar in das Geschilderte einbezogen wird: „Die Konfrontation mit einem identifizierbaren, konkret beschriebenen Individuum ermöglicht eine wesentlich größere Einfühlung als mit einer anonym und generisch benannten Menge." Beide Beispiele weisen zusätzlich direkte Rede auf. Diese trägt ebenfalls dazu bei, „eine Identifikationsbasis für den Rezipienten" (SCHWARZ-FRIESEL [2]2013: 227) zu schaffen.

In Beispiel (13) wird eine Notsituation aus Sicht der Ordensschwester Hildegard perspektiviert. Repräsentativ für *ältere Kunden* berichtet sie in einem Zitat über die körperlichen Beschwerden und Hürden, die mit einer Busfahrt verbunden sein können. Sprachlich manifestiert sich diese Negativbewertung in der Attribuierung des körperlichen Aufwandes als *sehr schwer* sowie in der Intensivierung der Endgültigkeit der Aussage durch das Temporaladverbial *nie wieder*. Dadurch soll die Empathie und Sympathie für die Ordensschwester – oder andere dargestellte Personen – vonseiten des Rezipienten geweckt werden[30]. Mit einer Kontrastierung wird dann das ADAC-Postbus-Angebot explizit als *angenehm* charakterisiert, zudem beschreibt die Sympathieträgerin ohne explizite Wertungen die Vorteile des ADAC-Angebots durch *ich konnte die Beine ausstrecken und aufstehen*. Die Rezipienten erschließen die positiven Wertungsaspekte selbst durch das Aktivieren von Weltwissen über ansprechende Reisebedingungen. Dadurch wird das Interesse des Automobilclubs an seinen Mitgliedern bzw. allen Verbrauchern suggeriert. Dass die Verbraucher wiederum mit den ADAC-Leistungen zufrieden sind, wird bereits einleitend durch die als evident markierte Aussage *Und es scheint zu gelingen* nahegelegt[31].

Zufriedenheit illustriert auch Beispiel (14). Aus dem Blickwinkel des ADAC-Straßenwachtfahrers Mike wird ein vermeintlich alltäglicher Arbeitstag perspektiviert. Dabei kommt es durch die Präsentation des Straßenwachtfahrers, der während seines Arbeitseinsatzes einen Witz[32] macht, zu einer impliziten Positivbewertung des ADAC als guten Arbeitgeber. Hier wird den Rezipienten die Aussage „Wer am Arbeitsplatz Spaß hat, ist zufrieden" suggeriert. Dass die Zufriedenheit der ADAC-Mitarbeiter letztlich mit positiven Effekten für den Verbraucher verbunden ist, kann vom Rezipienten dann wiederum dadurch erschlossen werden, dass der dargestellte Verbraucher Michael Müller auf den Witz einzugehen scheint (*Müller grinst*). Eine positive und freundliche Relation zwischen Verbraucher und Leistungsträger wird vermittelt, die Vertrauen begünstigenden Faktoren „Interesse" und „Koordiniertes Handeln" werden gestützt.

---

[30] Dies geschieht durch die Darstellung der Emotion LEID als Kategorie der Basisemotion TRAUER. Auf eine ausführliche Deskription des textuellen Emotionspotenzials soll im weiteren Verlauf dieses Kapitels verzichtet werden; im Anschluss erfolgt eine ausführliche Diskussion im Kapitel 6.3.

[31] Zu Schein-Evidenzen siehe PETERS 2012.

[32] Zu K-Implikatur und E-Implikatur siehe SCHWARZ-FRIESEL 2009.

Damit sich die Rezipienten in das Geschilderte hineinversetzen können, werden in der *ADAC Motorwelt* ebenfalls Bilder – sowohl authentische Fotos als auch Stock-Images – verwendet:

(15)   Der Club schützt Sie und Ihre Lieben, egal, wie klein oder groß Ihre Familie ist (*ADAC Motorwelt*, 01/2014, 95)

(16)   Straßenwachtfahrer Mike bringt Autos zum Laufen und Menschen zum Lachen (*ADAC Motorwelt*, 02/2014, 22)

Häufig werden Sympathieträger abgebildet, wenn sie – je nach Perspektive – in einer (vermeintlich) authentischen Situation eine Leistung des ADAC in Anspruch nehmen und/oder diese Leistung erbringen (16). Dies wird ergänzt durch inszenierte Darstellungen von Personen, Kleingruppen und nicht selten Familien, die durch die Abbildung des ADAC-Logos und/oder der Farbe Gelb (als Bestandteile der Corporate Identity des ADAC) als Club-Mitglieder identifiziert werden können (15). In (15) ist beispielsweise ein gelber Schirm mit ADAC-Aufschrift abgebildet, der als metaphorisches Element die Bildunterschrift *Der Club schützt Sie und Ihre Lieben* unterstützt. Sowohl in (15) als auch in (16) bringen die abgebildeten Personen durch Lächeln/Lachen und andere nonverbale Mittel ihr Wohlbefinden zum Ausdruck bringen, was ihre Zufriedenheit mit den Club-Leistungen oder als Träger dieser Club-Leistungen signalisieren soll. Die angestrebte Emotionalisierung stiftet eine Identifikationsbasis für den Rezipienten.

5.1.2 Präsentation verbrauchernaher Lebenswirklichkeiten

Eine weitere Substrategie zur „Herstellung eines persönlichen Bezuges" ist die „Präsentation verbrauchernaher Lebenswirklichkeiten." Situationen, die der angenommen Lebenswirklichkeit der Verbraucher entstammen, werden aus deren Perspektive dargelegt, es findet eine Perspektivierung der Sachverhalte statt:

(17)   Seit zwanzig Minuten <u>kurvt</u> Klaus Neumeier durch die Kölner Südstadt. <u>Sein Arzttermin rückt näher – doch weit und breit kein Parkplatz. Endlich: eine Lücke. Neumeier bremst, blinkt, stößt zurück. Plötzlich: lautes Hupen. Aus dem Nichts taucht ein anderer Wagen auf, schießt in die Lücke. Die Suche geht weiter...</u> (*ADAC Motorwelt*, 12/2013, 18)

(18)   Auch in der Kleinwagenklasse schießen die Autos in die Höhe. <u>Mal eben die Tochter zum Ballett fahren und vorher schnell den Kindersitz einbauen, flugs die Kommode aus dem Möbelhaus abholen oder für den Urlaub das Fahrrad einladen.</u> (*ADAC Motorwelt*, 03/2014, 28)

In den Beispielen (17) und (18) wird die Perspektivübernahme auf semantischer und syntaktischer Ebene deutlich: So verdeutlicht beispielsweise das Verb *kurvt* mit seiner konnotativen Bedeutung, ziellos umherzufahren, die Aussichtslosigkeit bzw. Schwierigkeit einer Parkplatzsuche für Pkw-Fahrer. Der narrative Erzählstil in (17), illustriert durch z.B. *endlich, plötzlich, schießt, aus dem Nichts*, unterstützt das Schaffen einer persönlichen Atmosphäre. Die Reihung in (18) fokussiert die vielfältigen Anlässe, bei denen Verbraucher Autos benötigen, und legt die daraus resultierende Notwendigkeit eines Pkws nahe. Die „Präsentation verbrauchernaher Lebenswirklichkeiten" zielt somit wie die „Präsentation von Sympathieträgern" auf das Schaffen einer Identifikationsbasis für den Rezipienten ab. Im Gegensatz zur ersten Substrategie bemüht der Textproduzent hier jedoch <u>nicht nur</u> Einzelschicksale, sondern illustriert auch Kollektivschicksale – also diejenigen Situationen, denen sich eine Vielzahl von Verbrauchern ausgesetzt sieht. Die Darlegung der Sachverhalte verspricht damit von Interesse für die Allgemeinheit zu sein. In Beispiel (18) wird dies durch den Gebrauch von Infinitiv-Strukturen und der Aussparung eines konkret benannten Agens realisiert. Sowohl in der Inszenierung von Einzelschicksalen als auch im Bemühen von Kollektivschicksalen zeigt sich durch die Anteilnahme (bzw. Wahrnehmung) des ADAC an den Verbrauchern der Vertrauen begünstigende Faktor „Interesse".

Der Faktor „Koordiniertes Handeln" wird dann dadurch evident, dass der ADAC als Textproduzent die Lebenswirklichkeit der Verbraucher erstens nicht nur wahrnimmt, sondern zweitens diese Lebenswirklichkeit als Missstand identifiziert (19) oder das eigene Leistungsspektrum in Bezug zu dieser Lebenswirklichkeit setzt (20):

(19)   Deshalb fordert Jörg Becker, Verkehrsexperte beim ADAC: „Wir brauchen bessere Angebote für Pendler: Viele Park-and-ride-Angebote im Stadtgebiet sind komplett überlastet, weil die hohen Ticketpreise für Bus und Bahn keinen Anreiz bieten, das Auto weiter außerhalb stehen zu lassen. Das muss sich ändern." (*ADAC Motorwelt*, 12/2013, 20)

(20)   Wir haben uns drei der Allzweckmobile, die häufig Familien als Zweiwagen dienen, genauer angesehen: den neuen Nissan Note, den überarbeiteten Citroën C3 Picasso und den Bestseller Skoda Roomster. (*ADAC Motorwelt*, 03/2014, 28)

Das vertrauenswürdige Selbstbild des ADAC wird demnach nach außen projiziert, indem der ADAC vermeintliche Probleme für die Verbraucher anprangert bzw. seine Club-Leistungen nach den Bedürfnissen der Verbraucher ausrichtet. Ähnliches konnte auch schon für die Präsentation von Sympathieträgern festgehalten werden. Bei beiden Substrategien geht folglich eine Kopplung mit anderen Strategien der Vertrauensförderung einher, vorrangig denjenigen aus dem Bereich der Kompetenzvermittlung (s. Kap. 5.2).

5.1.3   Direkte Anrede und Appelle

Um einen persönlichen Bezug zu den Rezipienten herzustellen, werden diese direkt angesprochen:

(21)   Für Ihre oft jahrzehntelange Treue bedanke ich mich sehr herzlich. Und für 2014 wünsche ich Ihnen und Ihren Angehörigen alles Gute. Bleiben Sie gesund und mobil. (*ADAC Motorwelt*, 01/2014, 8)

(22)   Fragen zur Punktereform? Dann machen Sie mit bei unserer Telefonaktion. (*ADAC Motorwelt*, 04/2014, 55)

SCHÄFER (2013: 227) konstatiert, dass die direkte Anrede unmittelbar zur Kontaktherstellung zwischen ADAC und Rezipienten führt. Sie müsse als Mittel zur Beziehungsgestaltung und weniger als Mittel zur Informationsvermittlung aufgefasst werden. Andere Studien belegen zudem (FROMMERT 2012: 147), dass eine direkte Anrede in der Höflichkeitsform auf das Erhöhen des Sympathiefaktors des Textproduzenten abzielt, was letztlich der affektiven Komponente eines vertrauenswürdigen Images zuträglich ist. Neben ihrer Funktion auf Ebene der Beziehungsgestaltung ist die direkte Anrede damit gleichfalls als Mittel assertiver Selbstdarstellung zu betrachten, indem sie den

Textproduzenten als Sympathieträger etabliert – und damit eine weitere sprachliche Manifestierung der Strategie „Präsentation von Sympathieträgern" darstellt.

Dies ist auch vor dem Hintergrund bedeutsam, dass die direkte Anrede im Korpus gehäuft im Kontext von Interviews und Editorials festgestellt wurde – zweier journalistischer Darstellungsformen, die Meinungen, Charakter und Persönlichkeit konkreter bzw. einzelner Personen darstellen (DEUTSCHES JOURNALISTEN KOLLEG 2011). Der Textproduzent ist dann nicht mehr global der ADAC, sondern eine einzelne Person, die sich in der Ich-Form äußert (Beispiel (21)). Beispiel (21) veranschaulicht zudem, dass die direkte Anrede im Korpus häufig in Verbindung mit der Vermittlung von Sprechergefühlen und -einstellungen steht. So will der Sprecher den Kontakt zum Rezipienten durch die expressiven Sprechhandlungen DANKEN und WÜNSCHEN aufrechterhalten, indem er dessen Treue und Wohlbefinden thematisiert. Dem Rezipienten wird so das Interesse des Sprechers signalisiert. Die Darstellung einer einzelnen Person als Sympathieträger zielt im Angesicht einer notwendigen Differenzierung von Vertrauenstypen (personell vs. systemisch; vgl. Kap. 1.1) dann darauf ab, von der persönlichen Vertrauenswürdigkeit auf die organisationale Vertrauenswürdigkeit zu schließen.

In Beispiel (22) wird außerdem deutlich, dass die direkte Anrede im Zusammenhang mit direktiven Sprechakten und der adressatenbezogenen Sprechhandlung AUFFORDERUNG steht, d.h. u.a. in Appellen zutage tritt. Auch der Appell dient folglich der Kontaktherstellung. Ähnlich wie in den Beispielen (17) und (18) werden die Vertrauen begünstigenden Faktoren durch die Kopplung mit anderen Substrategien evident, hier der Referenz auf das Leistungsspektrum des ADAC. Durch die rhetorische Frage signalisiert der ADAC als Textproduzent, dass er sich der Bedürfnisse der Rezipienten bewusst ist, mit der Referenz auf die *Telefonaktion* und dem Appell *Dann machen Sie mit* bietet er die Möglichkeit zur Befriedigung dieser Bedürfnisse durch eine auf den Verbraucher ausgerichtete Leistung an. Mit der Referenz auf das eigene Leistungsspektrum legt der ADAC – neben der Interessensbekundung am Verbraucher – gleichzeitig nahe, dass er die offenen Fragen der Anrufer beantworten kann und vermittelt so die eigene Kompetenz.

Beispiel (23) macht überdies deutlich, dass die im Korpus gefundenen Appelle den Rezipienten wiederholt eigene Möglichkeiten zur aktiven Einflussnahme auf die Gestaltung der ADAC-Produkte und -Leistungen aufzeigen. Den Rezipienten wird suggeriert, dass ihre Meinung zählt und der ADAC diese berücksichtigt. Neben „Interesse" wird damit insbesondere der Vertrauen begünstigende Faktor „Koordiniertes Handeln" evident:

(23)   Berichten Sie uns von Ihren Roadtrip-Erlebnissen. Erzählen Sie uns von Irrfahrten, Entdeckungen, Pannen und Begegnungen – ob auf der A 45 oder der Route 66, ob im Fond eines Sportwagens, im Wohnmobil oder auf dem Motorrad. (*ADAC Motorwelt*, 04/2014, 84)

Beispiel (24) verdeutlicht, dass auch im Rahmen der Abstimmung zum „Lieblingsauto der Deutschen" derartige Appelle an die Leser gerichtet wurden und ihnen dadurch das vermeintliche Interesse sowie die Möglichkeit zu gemeinsamen Handlungen suggeriert worden sind.

(24)   Egal, ob Sie per Internet, Smartphone oder Stimmzettel teilnehmen wollen: Bitte machen Sie mit – denn jede Stimme zählt. (*ADAC Motorwelt*, 11/2013, 58)

Dass nach den Skandalenthüllungen das Vertrauensverhältnis zwischen ADAC und dessen Bezugsgruppen erschüttert wurde, kann somit mit Blick auf die dargelegte Vermittlung der Vertrauen begünstigenden Faktoren illustriert werden. So mussten die Rezipienten die vermeintliche Interessensbekundung des ADAC an den *ADAC Motorwelt*-Lesern und den zur Schau gestellten Willen zur Berücksichtigung der Lesermeinungen als Täuschung verstehen.

5.2   Kompetenz vermitteln

Die Analyse hat gezeigt, dass die Vermittlung von Kompetenz sowohl im AZ I als auch im AZ II eine zentrale Rolle bei der Vertrauensförderung spielt. Unter Kompetenz soll in der vorliegenden Arbeit sowohl die Fähigkeit gemeint sein, branchen- und/oder berufstypische Aufgaben und Anforderungen zu bewältigen als auch konkrete Probleme zu analysieren und zu lösen (GRÜNBERG et al. 2015: 288). Die Strategie „Kompetenz vermitteln" bedient dabei primär den Vertrauen begünstigenden Faktor „Kompetenz", steht darüber hinaus jedoch – wie bereits im Verlauf der bisherigen Ergebnispräsentation angeklungen – im Zusammenhang mit den Faktoren „Interesse" und „Koordiniertes Handeln" sowie im AZ II mit „Konsistenz".

5.2.1 Präsentation von Experten

„Das Vermitteln von Kompetenz" findet im Korpus u.a. über die Präsentation von clubinternen und clubexternen Experten statt. Zum einen beansprucht der ADAC selbst
Kompetenz, indem er seine eigenen Mitarbeiter als Experten präsentiert, zum anderen
beansprucht er die Kompetenz für Dritte.

(25) Ist es ein Mangel oder Verschleiß? Und wer muss für den Schaden aufkommen? Solche
Fragen gehören zu den Klassikern in der für Mitglieder kostenfreien Rechtsberatung der
ADAC Juristen. Ein kleiner Wegweiser für den Gebrauchtwagenkauf. (*ADAC Motor-*
welt, 01/2014, 38)

(26) Noch riskanter sind lange Autobahnfahrten. Diese Straßen sind gut ausgebaut, oft geht
es lange Zeit geradeaus. Professor Dr. Ingo Fietze von der Charité in Berlin:
„Grundsätzlich gilt: Wer ausgeruht ist, hat auch auf solchen Strecken kein Problem..."
(*ADAC Motorwelt*, 02/2014, 45)

Wie in Beispiel (25) konnten im Korpus wiederholt Beispiele ermittelt werden, bei denen sich die Präsentation von Experten über das Aufführen der Berufsbezeichnungen
manifestiert. Den Berufsbezeichnungen der clubinternen Experten ist dabei in der Regel
ADAC vorangestellt, um ihre Zugehörigkeit zum Club zu explizieren. In Beispiel (26)
wird der Expertenstatus über die Referenz auf Titel, Arbeitsplatz und Ort herausgestellt.
Der Textproduzent legitimiert so den Rezipienten vermutlich unbekannte Persönlichkei-
ten (PETERS 2012: 53) – auch das ist typisch für die *ADAC Motorwelt*. Im Gegensatz zu
Beispiel (25) erfolgt die Referenzialisierung auf Experten in (26) durch das Anführen
der Berufsgruppe *Juristen*. PETERS (2012: 55) hält fest, dass ein solches Vorgehen eine
„bewusste Verallgemeinerung von Meinungen" intendiert.

Unabhängig davon, ob der ADAC eigene oder externe Experten präsentiert, zielt der
Automobilclub darauf ab, sich selbst als kompetent erscheinen zu lassen. Mit anderen
Worten: Auch die Präsentation von Dritten intendiert die Kompetenzvermittlung für den
ADAC, indem der Rezipient von der externen Kompetenz auf die Kompetenz des AD-
AC schließt. Die externen Experten und ihre Fachwissen werden instrumentalisiert, um
die eigene Meinung und Ansicht wiederzugeben. Sie stehen damit „im Dienst der Evaluation" des ADAC (PETERS 2012: 52). Demnach geht es in Beispiel (26) nicht vorrangig darum, die Meinung von *Prof. Dr. Ingo Fietze von der Charité in Berlin* wiederzugeben, sondern im Gegenteil darum, sich über das Fachwissen des Wissenschaftlers und
dessen Verlautbarung in der *ADAC Motorwelt* mit dem Geäußerten zu identifizieren
und sich dessen Kompetenz zu eigen zu machen.

Ähnlich wie in Kapitel 5.1.1 wird auch bei der Präsentation von Experten die direkte Rede bedeutsam. Im Gegensatz zu den Ausführungen zur „Präsentation von Sympathieträgern" werden Zitate hier jedoch nicht (nur) verwendet, um eine Identifikationsbasis für den Rezipienten zu schaffen, sondern um die Einstellung des ADAC hinsichtlich eines Sachverhalts bzw. Einstellungsgegenstandes zu transportieren bzw. zu unterstreichen. SCHÄFER (2013: 215) bezeichnet Zitate daher, unabhängig, ob von in- oder extern, als „stützende Argumente für eigene Einstellungen und Bewertungen". Sie deutet Zitate in zweifacher Hinsicht: erstens, als explizite Berufung auf den Experten, und zweitens, als implizite Berufung auf die darin vermittelten Werte (SCHÄFER 2013: 216).

(27) Prof. Dr. Hans-Jürgen Papier, ehemaliger Präsident des Bundesverfassungsgerichts: „Beim ADAC muss jetzt Offenheit gelebt werden. Ich möchte dazu beitragen, dass der Club seine Rolle in der Gesellschaft zurückgewinnt." (*ADAC Motorwelt*, 02/2014, 62)

In Beispiel (27) nimmt der *ehemalige Präsident des Bundesverfassungsgerichts* Stellung zu den Reformvorhaben des ADAC. Die Selektion dieses Experten und des Zitats hat demnach einmal zum Anliegen, auf den Status und die Prestigestellung des Zitierenden hinzuweisen, und zweitens möchte es, durch das Hochwertwort *Offenheit* und den Verweis auf die Partizipation des ADAC in gesellschaftlichen Anliegen, den ADAC in ein bestimmtes – hier: mit gesellschaftlichen Normen und Werten einhergehendes – Licht stellen und damit zu seinem vertrauenswürdigen Image beitragen. Die Berufung auf die Autorität unterstützt bzw. verstärkt die Aussage des Zitats.

Die Analyse hat darüber hinaus gezeigt, dass die Präsentation von Experten (insbesondere und auch unter Verwendung von Zitaten) häufig eine Kopplung mit der vertrauensfördernden Substrategie „Präsentation des Leistungsspektrums" aufweist:

(28) Der Club greift für sein Angebot auf die Daten der neuen Markttransparenzstelle zu. An sie müssen fast alle Tankstellen jede Preisänderung melden. Hat diese Preistransparenz Auswirkungen auf das Verhalten der Kundschaft? Stephan Zieger, Geschäftsführer des Bundesverbands der freien Tankstellen (BfT): „Zu uns kommen die Kunden meist am Nachmittag, wenn die Preise relativ niedrig sind – da haben Spritpreis Apps wie die vom ADAC gewirkt." (*ADAC Motorwelt*, 01/2014, 36)

(29) „Das Thema ist stets aktuell, weil die Leute es immer wieder falsch machen", sagt Thomas Unger, Projektleiter Ladungssicherung im ADAC Test- und Technik Zentrum Landsberg. Unger und seine Mitarbeiter zeigten jüngst in einem eindrucksvollen Crashtest, was passieren kann, wenn beim Beladen der Schlendrian regiert – siehe Fotoleiste rechts und den Film unter www.adac.de/wintersicher. (*ADAC Motorwelt*, 02/2014, 48)

Dadurch dass die Experten auf die Leistungen des ADAC verweisen (*Apps wie die vom ADAC*) oder als durchführende Kraft dieser Leistungen dargestellt werden (*Unger und seine Mitarbeiter zeigten jüngst in einem eindrucksvollen Crashtest*), werden die Leistungen indirekt als gewinnbringend bzw. einen Mehrwert besitzend charakterisiert. In Beispiel (28) wird die positive Evaluierung durch die Verbalphase *haben gewirkt* und in Beispiel (29) durch die Attribuierung der Leistung als *eindrucksvoll* gestützt. Die Kompetenz der Experten legitimiert dann die Angebote und Dienstleistungen des ADAC.

5.2.2 Präsentation des Leistungsspektrums

Um Kompetenz zu vermitteln, präsentiert der ADAC wie bereits angeklungen sein eigenes Leistungsspektrum. Ein kurzer Überblick über die Leistungen des ADAC wurde in Kapitel 4.1 gegeben. In Anlehnung an diese Ausführungen wurden bei der Korpusanalyse diejenigen Passagen berücksichtigt, die auf Leistungen wie Pannenhilfe, Luftrettung, Verbrauchertests, etc. referieren.

(30) Die Durchfallquote beim <u>ADAC Kindersitztest</u> ist diesmal hoch: Drei Sitze versagen im Crashtest, einer wird wegen zu hohen Schadstoffen abgewertet. Nur ein einziger von 15 Sitzen verdient das Testurteil „sehr gut". (*ADAC Motorwelt*, 11/2013, 30)

(31) 49 243 Mal sind die <u>ADAC Hubschrauber</u> 2012 gestartet. Dabei konnten 44 940 Patienten versorgt werden. (*ADAC Motorwelt*, 12/2013, 66)

(32) Doch gerade in dieser Krise kann sich der Club <u>auf seine wahren Gelben Engel verlassen: Die Straßenwachtfahrer</u>. (*ADAC Motorwelt*, 02/2014, 20)

(33) Comedian Mario Barth greift nach dem Weltrekord. Im Olympiastadion Berlin möchte er am 7. und 8. Juni 100 000 Zuschauer bespaßen. [...] Dabei ist der Samstag schon ausverkauft, <u>nur für ADAC Mitglieder gibt es noch ein Sonderkontingent</u>. (*ADAC Motorwelt*, 02/2014, 93)

Die Referenzialisierungen der Leistungen (*Kindersitztest, Hubschrauber, Straßenwachtfahrer, Sonderkontingent*) finden sich oftmals in syntaktischer Nähe zur einer expliziten Erwähnung des Automobilclubs selbst. Vorrangig – wie in den Beispielen (30), (31) und (33) – geschieht dies durch das Akronym *ADAC*, das den Leistungen vorangesetzt wird, seltener wird wie in Beispiel (32) auch das Lexem *Club* verwendet. Der ADAC wird so als Impulsgeber und Leistungsträger einer Vielzahl von Tätigkeiten perspektiviert. Den Rezipienten wird suggeriert, dass der Club Ansprechpartner für eine Bandbreite fachlicher Fragen, Probleme und Hürden ist und daher kompetent sein muss.

Indem die Selbstreferenz in Form von Komposita aus *ADAC* und der jeweiligen Leistung (Beispiele (30) und (31)) erfolgt, wird nicht nur die Verbindung zwischen Club und Leistung perspektiviert, sondern die jeweilige Leistung gleichsam als Marke manifestiert. Dies ist nicht zuletzt deshalb bedeutsam, da verschiedene Studien (stellvertretend für viele vgl. KROEBER-RIEL/ESCH [8]2015: 243) die käufer- und verbraucherbindende Wirkung von Marken sowie deren emotionalisierende Wirkung bei den Rezipienten attestieren. Besonders nachdrücklich veranschaulicht dies das Titelblatt der März-Ausgabe der *ADAC Motorwelt*, auf dem vom ADAC vollzogene Verbrauchertests aufgeführt sind:

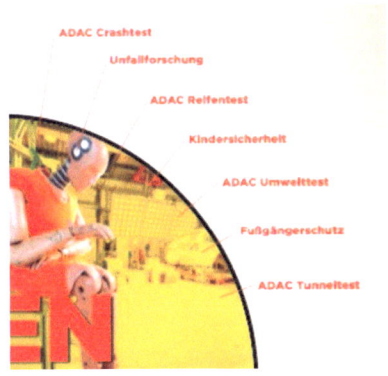

(34)   ADAC Crashtest, Unfallforschung, ADAC Reifentest, Kindersicherheit, ADAC Umwelttest, Fußgängerschutz, ADAC Tunneltest (*ADAC Motorwelt*, 03/2014, 1)

In Beispiel (32) zeigt sich zudem, dass auf den Pannendienst und dessen Straßenwachtfahrer durch *Gelbe Engel* referiert wird. Diese metaphorische Referenzialisierung der ADAC-Pannenhelfer zieht sich durch die gesamte Kommunikation. Das Lexem *Engel* mit seiner konnotativen Bedeutung charakterisiert die Straßenwachtfahrer als Helfer und Retter in der Not. Dass zusätzlich die Farbe Gelb einen Bestandteil der Metapher ausmacht, ist auf die Tatsache zurückzuführen, dass Gelb einen Teil der markenrechtlich geschützten Corporate Identity des ADAC darstellt. Der Verweis auf die Farbe stellt damit den Bezug zum Automobilclub her. Dies wird nicht zuletzt dadurch unterstützt, dass *Gelber Engel* im Korpus nicht nur wiederholt als metaphorische Betitelung für bestimmte Mitarbeiter(-gruppen) genutzt wird, sondern mit universalem Blick auf den Automobilclub auch der Name der ADAC-Stiftung ist (und bis zuletzt der des ADAC-Preises). Es ist somit davon auszugehen, dass der Gebrauch von *Gelber Engel* in der Öffentlichkeit derart konventionalisiert ist, dass eine unmittelbare Assoziation mit dem ADAC und seinen Leistungen aufkommt.

Auffällig bei der Analyse war zudem, dass der ADAC seine Kompetenz nicht nur über die bloße Referenz auf die Leistungen selbst vermittelt, sondern ebenso die aus den Leistungen oder einer ADAC-Mitgliedschaft resultierenden positiven Folgen perspektiviert und diese mittels impliziter und expliziter Evaluierungen charakterisiert. So zeigt in Beispiel (33) die Kontrastierung über eine Antithese und das Fokuspartikel *nur* die

Vorteile einer ADAC-Mitgliedschaft gegenüber Nicht-Mitgliedern. Den Rezipienten der *ADAC Motorwelt*, bei denen es sich ausschließlich um Club-Mitglieder handelt (s. Kap. 4.2), wird auf diese Weise die eigene Überlegenheit gegenüber anderen bzw. der persönliche Nutzen einer Mitgliedschaft verdeutlicht. Impliziter wird in Beispiel (35) vorgegangen, indem nicht explizit auf den individuellen Nutzen, wohl aber auf charakteristische Merkmale der Leistung verwiesen wird:

(35) Die Leistungen auf nasser Fahrbahn sind prima – erkauft durch einen höheren Reifenabrieb. Gut, dass wir – und das ist quasi das Alleinstellungsmerkmal des ADAC Reifentests – jedes Modell dieser Größe in Konvoifahrt über 15 000 Kilometer gefahren haben. (*ADAC Motorwelt*, 04/2014, 42)

Mit dem Lexem *Alleinstellungsmerkmal*, einem aus dem Marketing und der Verkaufspsychologie stammenden Begriff, werden die einzigartigen Eigenschaften einer Leistung, eines Produkts, eines Unternehmens, etc. benannt, die sie positiv gegenüber Wettbewerbern abgrenzen. Durch den Gebrauch von *Alleinstellungsmerkmal* wird eben dieser Wettbewerbsvorteil perspektiviert und impliziert, dass dadurch bestimmte Leistungen mit Vorteilen für die Mitglieder behaftet sind. Hierin liegt die positive Evaluierung des Sachverhalts. ADAC-Leistungen werden nicht als isolierte Phänomene präsentiert, sondern in einem Kontext verbraucherrelevanter Anliegen.

Dies äußert sich nicht zuletzt in der wiederholten Kopplung dieser Substrategie mit der Substrategie „Herausstellen verbraucherrelevanter Missstände" (s. Kap. 5.2.4):

(36) Eine Analyse von ADAC und der Uni Magdeburg beweist: Viele Autos sind ab Werk so „vorbereitet", dass der Kilometerstand einfach manipuliert werden kann. (*ADAC Motorwelt*, 11/2013, 69)

(37) Umfragen des Deutschen Verkehrssicherheitsrats (DVR) und des ADAC zeigen: Gerade rücksichtslose Drängler sorgen für extremen Stress. Mit Höchstgeschwindigkeit rasen sie auf den Vorausfahrenden zu, bremsen kurz vor der Stoßstange ab und halten anschließend so lange Minimalabstand, bis der die Spur endlich frei gibt. Psychologisch ist dieses Verhalten sogar erklärbar, gefährlich ist es trotzdem (siehe Interview S. 42). (*ADAC Motorwelt*, 03/2014, 41)

Das Leistungsangebot wird durch den ADAC scheinbar als logische Konsequenz eines die Verbraucher betreffenden Missstandes geschaffen. Der ADAC stellt den Verbrauchern mit seinen Leistungen damit Angebote zur Verfügung, durch dessen Inanspruchnahme diese handlungsfähig werden. Die Möglichkeit gemeinsamer Handlungen wird evident, wodurch der Faktor „Koordiniertes Handeln" vermittelt wird.

Wie bereits in Beispiel (35) erkennbar ist, ist die Präsentation des Leistungsspektrums darüber hinaus eng verbunden mit dem Gebrauch des Pronomens *wir*. So kommt in den

Publikationen des Automobilclubs die sogenannte Wir-Gruppen-Konstruktion zum Tragen (Beispiel (38) und (39)), um den ADAC als Gemeinschaft bzw. Einheit und dadurch letztlich in Abgrenzung zur Umwelt und zu vermeintlich anderen, in Konkurrenz zum ADAC stehenden Dienstleistern zu etablieren:

(38)   Doch entsprechen diese Verbrauchswerte tatsächlich der Realität? Fahren Panamera-Hybrid-Besitzer sparsam und umweltfreundlich? Wir haben das in einem Praxistest anhand von drei verschiedenen Fahrer-Profilen ausprobiert. (*ADAC Motorwelt*, 01/2014, 83)

(39)   In der Cabrio-Saison 2014 gibt es für jeden Geldbeutel reichlich Auswahl. Wir haben für Sie die Neuheiten und eine Reihe von aktuellen Modellen zusammengestellt. (*ADAC Motorwelt*, 04/2014, 27)

Auffällig im gesamten Korpus ist jedoch, dass die Kontrastierung zu Mitbewerbern nicht durch explizite Referenzialisierungen auf eine der Wir-Gruppe entgegengesetzten Sie-Gruppe vollzogen wird, sondern durch die Rezipienten selbst inferiert werden muss. Hier liegt u.a. die Vermutung nahe, dass dieses implizite Vorgehen – vgl. auch Beispiel (35) – und die damit einhergehende aktive Rolle der Rezipienten bei der Bedeutungserschließung den ADAC vor vermeintlich (rechtlichen) Auseinandersetzungen mit Mitbewerbern schützen sollen. Nichtsdestotrotz macht Beispiel (39) deutlich, dass die Konstruktion einer Ihr-Gruppe stattfindet: So schließt das Pronomen *wir* nicht die *ADAC Motorwelt*-Leser mit ein, sondern referiert ausschließlich auf den ADAC; die direkte Anrede *Sie* hingegen konstruiert die Ihr-Gruppe der Leserschaft bzw. Verbraucher. Obschon viele Autoren die Wir-Gruppen-Konstruktion als strategisches Verfahren zum „Ansprechen des Gemeinschaftssinns" bzw. zum Schaffen „eines Zusammengehörigkeitsgefühls" (GOLONKA 2009: 161) mit dem Rezipienten verstehen und sie daher mit Blick auf die vertrauensfördernde Strategie „Persönlichen Bezug herstellen" gerade als geeignet betrachtet werden müsste, liegt in Bezug auf die „Präsentation von Kompetenz" nahe, dass die Wir-Ihr-Kontrastierung das Wissensgefälle zwischen dem ADAC als Textproduzenten und den ADAC-Mitgliedern als Rezipienten illustrieren soll.

Die Präsentation von Fachwissen zeigt sich auf sprachlicher Ebene darüber hinaus in der Nutzung semantischer Wortfelder (vgl. SCHWARZ-FRIESEL/CHUR [6]2014: 62) aus Verkehr und Technik und dem Einsatz von Bezifferungen. Wenngleich dies mehr oder weniger stark auf alle Substrategien innerhalb der Vermittlung von Kompetenz zutrifft, sollen die entsprechenden Darlegungen im Rahmen der „Präsentation des Leistungsspektrums" erfolgen, da innerhalb des Korpus nicht zuletzt die Testberichte vom Gebrauch dieser sprachlichen Techniken zeugen:

(40) Der VW up! mit Elektromotor ist beim Unfall genauso sicher wie sein Serienbruder mit
konventionellem Antrieb. Das ist keine Selbstverständlichkeit, denn schließlich wiegt
der e-up! insgesamt rund 250 Kilogramm mehr. Dieses Mehrgewicht muss die kurze
Knautschzone des Fahrzeugs beim Frontalunfall verdauen, damit die Fahrgastzelle intakt bleibt. Die 204 Akkuzellen sitzen – mit einem massiven Rahmen verstärkt – nach
hinten versetzt im Unterboden der Karosserie. Die Hochvoltleitungen wurden außerhalb
des Fahrgastraums geschützt von vorn nach hinten geführt. (*ADAC Motorwelt*, 11/2013,
50)

PETERS (2012: 51) stellt fest, dass genaue Angaben (z.B. Bezifferungen von Mengen,
Ausmaßen, etc.) von Gewissheit zeugen. Der Textproduzent demonstriert das Ausmaß
seiner Kenntnisse und untermauert so seinen Expertenstatus (PETERS 2012: 51). Die
Exaktheit der dargelegten Sachverhalte vermittelt den Rezipienten, dass die Aussagen
überprüfbar sind, eine tatsächliche Validierung ist für die Rezipienten jedoch selten
möglich. Der Gebrauch semantischer Wortfelder suggeriert, dass der Textproduzent
über umfangreiches Fachwissen und/oder Erfahrungen verfügt, die ihn dazu befähigen,
eine fundierte und präzise Meinung zu einem Thema zu äußern (PETERS 2012: 49).

5.2.3   Erteilen individueller Handlungsempfehlungen

Eine im Korpus wiederholt gebrauchte Substrategie zur Vermittlung von Kompetenz ist
das „Erteilen von individuellen Handlungsempfehlungen". Dabei wird der Rezipient mit
der Präsentation „von ihm bis dato unbekannten Fakten" (PETERS 2012: 68) zunächst in
die Rolle des Laien versetzt, der auf den Wissenstransfer durch den ADAC als Textproduzenten angewiesen ist (PETERS 2012: 68). Hier wird der Vertrauen begünstigende
Faktor „Kompetenz" augenfällig. Gleichzeitig wird das vermeintlich existierende Wissensgefälle jedoch durch die Handlungsempfehlungen ausgeglichen, denn der Rezipient
wird durch die Kompetenz des ADAC mit Fachwissen versorgt und zum individuellen
Handeln befähigt. Die darin zum Vorschein kommende Anteilnahme stützt den Vertrauen begünstigenden Faktor „Interesse".

Das Erteilen von Handlungsempfehlungen wird im Korpus durch unterschiedliche syn-
taktische Strukturen realisiert:

(41) Wer sich für einen alternativen Antrieb interessiert, sollte sich vorher sehr genau über-
legen, wie er sein Fahrzeug nutzt. Denn nicht jedes Auto ist für jeden Zweck geeignet.
(*ADAC Motorwelt*, 12/2013, 36)

(42) Selbst bei vorsichtiger Fahrweise im Winter kann eine Notbremsung nötig werden.
Haben Sie ABS oder ESP, dann treten Sie beherzt und kraftvoll auf die Bremse und hal-
ten Sie den Bremsdruck aufrecht. [...] Ist die Fahrbahn mit Eis überzogen, etwa nach
Eisregen, gibt es nur noch eine Devise: Auto stehen lassen, Straßendienst abwarten.

Denn hier ist die Haftung zwischen Reifen und Untergrund gleich null. [...] <u>Wenn Sie im Winter auf Nummer sicher fahren wollen, gönnen Sie sich ein Fahrsicherheitstraining beim ADAC</u>. (*ADAC Motorwelt*, 01/2014, 73)

(43)   <u>Der Club rät deshalb dringend</u>, den Kaufbeleg <u>unbedingt</u> vor Unterschrift auf Richtigkeit der Angaben zu prüfen und Fehler unverzüglich zu reklamieren. Der Kaufbeleg <u>muss</u> mindestens ein Jahr lang aufbewahrt werden. Spätere Reklamationen oder Einsprüche ohne Vorlage der Quittung sind meistens erfolglos. (*ADAC Motorwelt*, 02/2014, 62)

In Beispiel (41) wird global mit dem Relativpronomen *Wer* auf die Verbraucher referiert. Dadurch wird die Allgemeingültigkeit des Ratschlags illustriert. Dieses Vorgehen korreliert mit dessen allgemein gehaltener Proposition, konkrete Fakten werden nicht vermittelt. Die Empfehlung selbst wird mittels des Konjunktivs II realisiert.

Dagegen wird der erste Ratschlag (*Haben Sie ABS oder ESP, dann treten Sie...*) in Beispiel (42) durch die direkte Anrede *Sie* und einen direktiven Sprechakt realisiert. Analog zu den Ausführungen in 5.1.3 wird an dieser Stelle ein persönlicher Bezug zu den Rezipienten hergestellt. Der Unterschied zwischen beiden Substrategien besteht in der Präsentation von Fakten und Fachwissen und dem Wissenstransfer, welche beim „Erteilen von Handlungsempfehlungen" vollzogen werden, nicht aber über den Appell beim Herstellen eines persönlichen Bezuges. Darüber hinaus weist Beispiel (42) die Infinitiv-Strukturen *Auto stehen lassen* und *Straßendienst abwarten* auf. Zusammen mit den Fokuspartikeln *nur noch* wird die vom ADAC erteilte Empfehlung als einziger und universeller Lösungsweg charakterisiert. Der letzte Ratschlag in Beispiel (42) steht in Relation zur Substrategie „Präsentation des Leistungsspektrums". Der ADAC als Textproduzent bietet eine eigene Leistung als kausale Lösung an, um den Rezipienten zu dem erstrebenswerten Zustand einer sicheren Fahrt im Winter zu befähigen. Durch den konnotativen Wert des Verbs *gönnen* wird den Lesern darüber hinaus suggeriert, dass sie sich mit der Inanspruchnahme des Fahrsicherheitstrainings etwas Gutes bzw. einen Gefallen tun. Die Kompetenz des ADAC wird hier somit in doppelter Sicht manifestiert.

Auffällig bei allen bis hierhin vorgestellten Empfehlungen ist der (intendierte) Eindruck der logischen Kausalität: Die Aussage, der Fakt und das Leistungsangebot werden mittels eines Konditionals – ähnlich einer kausalitätsanzeigenden *Wenn-dann*-Satzkonstruktion – als naturgemäße Konsequenz der Vorbedingung perspektiviert. Dies legitimiert die Präsentation dieser Empfehlungen durch den ADAC und unterstützt letztlich das persuasive Potenzial der Kompetenzvermittlung.

In Beispiel (43) stellt der Automobilclub den Agens des zu erteilenden Ratschlags dar. Mittels indirekter Rede wird die Empfehlung durch das Verb *rät* eingeleitet. Die Adverbien *dringend* und *unbedingt* verstärken den Aussagegehalt. Die Explizitheit der Empfehlung perspektiviert sowohl die Dringlichkeit des Sachverhalts als auch die Einzigartigkeit des dargelegten Ratschlags. Der Gebrauch des Modalverbs *muss* unterstützt die Allgemeingültigkeit der Aussage, indem auf eine scheinbare Notwendigkeit hingewiesen wird. Der potentiell persuasive Effekt wird nochmals dadurch verstärkt, dass durch die Kontrastierung auf die vermeintlich negativen Konsequenzen eines Zuwiderhandelns hingewiesen wird.

5.2.4 Herausstellen verbraucherrelevanter Missstände

Bei der soeben dargestellten Substrategie „Erteilen individueller Handlungsempfehlungen" können die mit Herausforderungen bespickten Situationen durch den Einzelnen bewerkstelligt werden. Dies ist bei der Substrategie „Herausstellen verbraucherrelevanter Missstände" anders: Der ADAC identifiziert für den Verbraucher relevante Missstände aus den Bereichen Verkehr und Verkehrspolitik, die nicht durch individuelles Handeln beseitigt werden können, sondern deren Lösung im Verantwortungsbereich zentraler kollektiver Organe, Institutionen, etc. liegt.

Der Vertrauen begünstigende Faktor „Kompetenz" fußt dann auf der Fähigkeit des ADAC, die mit dem eigenen Fachbereich verbundenen Sachlagen zu identifizieren und diese als Probleme zu bewerten. Der fachliche Kontext der Missstände ermöglicht es dem ADAC damit gleichfalls, eigene Interessen, Einstellungen, Wünsche etc. implizit zu vertreten bzw. explizit zu verbalisieren:

(44)   Für immer mehr Menschen wird Mobilität teurer und teurer. Gerade junge Leute müssen zwar mobil sein, können oder wollen sich aber kein eigenes Auto leisten. In der Stadt nutzen sie deshalb den öffentlichen Nahverkehr oder Carsharing, für längere Strecken kommt der ADAC Postbus wie gerufen. (*ADAC Motorwelt*, 11/2013, 100)

(45)   Sehr einfach machen es sich derweil manche Kommunalpolitiker: Sie glauben, dass sich der Großstädter über kurz oder lang vom Automobil verabschiedet, die Zahl der benötigten Parkplätze deshalb automatisch sinken werde. Ihre Schlussfolgerung: Nicht nur beim Bau von Büros, auch bei Wohnungen könne man künftig deutlich weniger Parkplätze vorsehen. [...] Eine problematische Argumentation, erklärt Prof. Dr. Franz Pesch vom Städtebau-Institut der Universität Stuttgart: „Die Bauherren sparen so zwar Geld – die Folgen der Auto-Mobilität werden aber in Form zugeparkter Straßenränder der Allgemeinheit aufgebürdet." (*ADAC Motorwelt*, 02/2014, 20)

Auffällig bei den Beispielen (44) und (45) ist, dass die Strategie der Kontrastierung eingesetzt wird, um den vermeintlichen Missstand entweder aufzuzeigen (Beispiel (44)) oder mögliche negative Konsequenzen des Missstands herauszustellen (Beispiel (45)). In Beispiel (44) basiert der Missstand auf den zunehmenden Kosten für Pkw-Halter, die insbesondere von jungen Menschen nicht finanziell getragen werden können. Durch die Steigerung *teurer und teurer* und die Konjunktion *aber* findet eine Negativevaluierung statt.

Dass die Identifikation von verbraucherrelevanten Missständen mit dem Herstellen eines persönlichen Bezuges einhergeht, erscheint in diesem Zusammenhang logisch. Anders als bei der Strategie „Präsentation verbrauchernaher Lebenswirklichkeiten" wird die Lebenswirklichkeit der Verbraucher hier jedoch erstens zwangsläufig negativ bewertet und befindet sich zweitens – wie oben beschrieben – außerhalb einer möglichen Einflussnahme durch den Verbraucher selbst. Die Negativbewertung erfolgt häufig aus der Perspektive des Automobilclubs oder eines (externen) Experten. Dass so direkt oder indirekt durch den ADAC auf Missstände hingewiesen wird, versetzt den Automobilclub in die Rolle des kompetenten Ansprechpartners, dem die Verbraucher als vermeintlich hilfsbedürftige Laien gedanklich gegenübergestellt werden.

Der Eindruck der Anteilnahme vonseiten des ADAC wird dadurch zu erwecken intendiert, dass der ADAC nicht nur bereits bestehende Alternativen zum eigenen Pkw benennt (*öffentlicher Nahverkehr*, *Carsharing*), sondern selbst auf den Missstand reagiert, indem er eigene Leistungen (*ADAC Postbus*) anbietet. Die Problemsituation und entsprechende Lösungsangebote werden gedanklich miteinander verknüpft. Die logische Notwendigkeit des *ADAC Postbus* als Ergänzung zum Nahverkehr und zum Carsharing wird dabei in einem Parallelismus manifestiert und der ADAC als Problemlöser eines gesellschaftlichen Missstandes charakterisiert. Durch den Phraseologismus *wie gerufen kommen* erfolgt diesbezüglich eine positive Evaluierung, die die vermeintliche Reaktion der bis dato benachteiligten jungen Leuten darstellt. Das (scheinbar in Folge des Missstandes geschaffene) Leistungsangebot des ADAC spiegelt so den Faktor „Koordiniertes Handeln" wieder (vgl. Kap. 5.2.2).

Auch in Beispiel (45) kommen explizite Negativbewertungen durch den ADAC zutage: Durch die Fremdattribuierungen des kommunalpolitischen Vorgehens als *sehr einfach* und der Argumentation als *problematisch* wird der bestehende Sachverhalt negativ evaluiert und als Missstand kenntlich gemacht. Die Kopplung mit der Präsentation von Experten und das Anführen einer direkten Rede unterstützt die Vermittlung von Kompetenz, indem durch sie auf mögliche, den Verbrauchern zu Lasten liegende Folgen hingewiesen wird. Die Anteilnahme an diesen negativen Konsequenzen – die ähnlich auch in den Beispielen (44) und (46) deutlich wird – lässt den Vertrauen begünstigenden Faktor „Interesse" erkennen.

Neben der in beiden Analyse-Zeiträumen genutzten Strategie der Kontrastierung konnte bei der Korpusanalyse für AZ II außerdem festgestellt werden, dass das Aufzeigen des Missstands und die damit einhergehende negative Evaluierung u.a. mit dem Aufzeigen der Abwesenheit positiver Wertvorstellungen realisiert wird:

(46)   Die Industrie wiederum argumentiert, sie lese keine personenbezogenen, sondern nur (ungeschützte) fahrzeugbezogene Daten aus. <u>Doch wo da die Grenze liegt, ist unklar.</u> <u>Überhaupt **fehle es an Transparenz und Aufklärung**, klagen die Juristen. Sich das Ja des Autokunden zum Datenzapfen übers Kleingedruckte im Kaufvertrag zu ergattern, sei kein offenes Verhalten. Es sei dringend nötig, das bestehende Datenschutzrecht an die rasante Entwicklung der Fahrzeugkommunikation anzupassen.</u> (*ADAC Motorwelt*, 04/2014, 20; Herv. i. Orig.)

Die Hochwertwörter *Transparenz*, *Aufklärung* und *offen* werden aufgeführt (und teilweise fettgedruckt), um das aus Sicht des ADAC Wünschenswerte zu manifestieren, und gleichzeitig negativ konnotierten Lexemen (*Datenzapfen*, *Kleingedruckte*, *ergattern*) gegenübergestellt, um die aktuelle (negative) Lage zu illustrieren. Der ADAC als Textproduzent geht hier implizit vor, indem durch Kritik an anderen (*Die Industrie*) im Sinne offensiver Selbstdarstellungshandlungen nur indirekt positiv besetzte Werte für sich selbst beansprucht werden. Die Rezipienten sind aktiv durch das Erschließen des Inferenzpotenzials an der Bedeutungskonstruktion beteiligt. Um Kompetenz zu vermitteln, zeigt der ADAC im Anschluss daran mögliche Lösungswege aus der Misere auf, deren vermeintliche Dringlichkeit und Notwendigkeit durch entsprechende Lexeme (*dringend*, *nötig*) manifestiert werden.

Während bislang alle phasenübergreifenden vertrauensfördernden (Sub-)Strategien vorgestellt worden sind, beziehen sich die folgenden Ausführungen ausschließlich auf den Analyse-Zeitraum II.

5.2.5 Verweis auf Tradition und Erfahrungen

Im AZ II konnten wiederholt Verweise festgestellt werden, die auf den Traditionsreichtum und die vielfältigen Erfahrungen des ADAC schließen lassen sollen. Die Vermittlung von Kompetenz ergibt sich dabei aus der Implikation, dass die langjährige Etabliertheit des ADAC auf das Erzielen von Erfolgen zurückzuführen sein muss und diese Erfolge wiederum auf Kompetenz beruhen. Sprachlich werden die Verweise vorrangig durch Bezifferungen realisiert:

(47) Der Skandal um den Autopreis „Gelber Engel" ist die größte Panne in der 111-jährigen Geschichte des ADAC. (*ADAC Motorwelt*, 02/2014, 20)

(48) Szenenwechsel: 1999 schockierten zwei Brandkatastrophen in Tunnels die Öffentlichkeit. 39 Menschen starben im italienisch-französischen Mont-Blanc-Tunnel, zwölf beim Unglück im österreichischen Tauerntunnel. Im gleichen Jahr begann der ADAC, die Sicherheit von Tunnels zu prüfen – ab 2000 innerhalb des internationalen Test- Konsortiums EuroTest. (*ADAC Motorwelt*, 03/2014, 20)

Beispiel (47) macht deutlich, dass die genaue Bezifferung des Organisationsbestehens von *111-jährige* der Abschwächung des eigentlich dargelegten Sachverhalts, nämlich des Manipulationsskandals, dient. Der Aspekt der Dauer wird zum Ausdruck gebracht, es wird suggeriert, dass das Fehlverhalten ein nie dagewesener Verstoß in der langen und beständigen Geschichte der Organisation sei. Unterstützt wird dies zusätzlich durch die Konnotation von *Panne* als nichtiger oder kleiner, unbeabsichtigter Fehler. In Beispiel (48) wird zunächst das Jahr mehrerer Tunnelbrandkatastrophen beziffert. Der Verweis auf die Erfahrungen des Automobilclubs bezüglich Tunneltests ergibt sich dann durch das Temporaladverbial *im gleichen Jahr*. Die Kopplungen mit den Substrategien „Präsentation des Leistungsspektrums" sowie „Herausstellen verbraucherrelevanter Missstände" perspektiviert den ADAC damit erneut als Problemlöser. Mit der Angabe *Ab 2000* wird darüber hinaus auf aktuell bestehende Kooperationen des ADAC mit dem *internationalen Test-Konsortium* referiert. Die Präsentation von Experten unterstützt die Vermittlung von Kompetenz abermals, zugleich wird die andauernde Kontinuität der Partnerschaft bzw. Leistung perspektiviert.

Wie bereits in Beispiel (48) deutlich wird, lassen sich vereinzelt neben konkreten Bezifferungen auch Temporaladverbiale als Ausdruck dauerhafter Tätigkeiten vorfinden:

(49) Nach der Kritik an ADAC Tests haben wir uns entschieden, den Reifentest eine Ausgabe später zu bringen. An den Ergebnissen zweifeln wir nicht, lassen sie aber noch einmal überprüfen – unter Federführung der Stiftung Warentest, die schon seit Jahren zusammen mit dem ADAC und weiteren Partnerclubs wie dem ÖAMTC die Reifentests veröffentlicht. (*ADAC Motorwelt*, 02/2014, 28)

Es liegt nahe, dass hier die Unbestimmtheit von *seit Jahren* auf den sich wiederholenden und wiederkehrenden Charakter der Tests schließen lassen soll.

Darüber hinaus muss konstatiert werden, dass Hinweise auf Tradition und Erfahrungen nicht nur der Kompetenzvermittlung dienen, sondern gleichfalls den Vertrauen begünstigenden Faktor „Konsistenz" zum Ausdruck bringen. Der ADAC zeigt, dass er seit geraumer Zeit als Organisation tätig ist und im Rahmen dieser Tätigkeiten andauernde Leistungen erbringt und Ziele verfolgt.

5.3   Transparenz suggerieren

Um Vertrauen zu fördern, suggeriert der ADAC im AZ II zudem Transparenz. Dass Transparenz eine bedeutsame Komponente bei der Vertrauensbildung darstellen kann, wurde bereits von einer Vielzahl von Autoren attestiert (u.a. BENTELE 1994, KLENK 2009). Transparenz ist aus Organisationsperspektive als derjenige „Idealzustand zu verstehen, in welchem sowohl externe Erwartungen als auch die interne Funktionalität berücksichtigt und in Balance gebracht werden" (EBERT/KEßLER/VOLK 2015: 50). Gemeint ist mit kommunikativer Transparenz ein sozialer Aushandlungsprozess zwischen „Was *müssen* wir preisgeben?" – um moralisch-sozialethischen Erwartungen zu entsprechen – und „Was *wollen* wir preisgeben?" – um der Organisation eventuelle Wettbewerbsvorteile zu beschaffen (EBERT/KEßLER/VOLK 2015: 48 f.). Vonseiten der Organisation geht es nicht darum, eine „absolute informatorische Offenheit" (WEHMEIER [3]2015: 161) zu betreiben, sondern im Spannungsfeld zwischen „tatsächlicher" und „scheinbarer" (EBERT/KEßLER/VOLK 2015: 50) Transparenz zu agieren.

Letztlich meint organisationale Transparenz dann, den jeweiligen Bezugsgruppen den Eindruck zu vermitteln, über genügend mit dem organisatorischen Handeln in Beziehung stehende Informationen zu verfügen, um die Organisation betreffende Entscheidungen treffen zu können sowie eigene Handlungsspielräume zu erkennen und zu erhalten (KLENK 2009: 5). Die Strategie „Transparenz suggerieren" ist damit mit den Vertrauen begünstigenden Faktoren „Konsistenz" und „Koordiniertes Handeln" in Relation zu setzen.

5.3.1 Präsentation externer Kontrollen & Kontrollinstanzen

In Folge der Skandalenthüllungen um den Autopreis „Gelber Engel" wurde der ADAC verdächtigt, nicht nur den Leserpreis manipuliert zu haben, sondern auch andere Leistungen, insbesondere die Verbrauchertests im Sinne der Organisation nahestehender Unternehmen, beschönigt zu haben. Um diese Vorwürfe zu entkräften, wurden verschiedenste externe Kontrollinstanzen, wie z.B. Expertengremien, Beiräte etc. eingesetzt. Auf diese wird im AZ II wiederholt hingewiesen:

(50)   Ob das der Wahrheit entspricht, soll die Untersuchung ans Licht bringen, mit der wir <u>externe Prüfer</u> federführend beauftragt haben. <u>Die Experten von Deloitte</u> gehen auch allen übrigen Kategorien des „Gelber Engel"–Preises auf den Grund. (*ADAC Motorwelt*, 02/2014, 28)

In Beispiel (50) werden die Kontrollinstanzen explizit als *extern* attribuiert, um ihre Unabhängigkeit zu unterstreichen. Durch das Lexem *federführend* distanziert sich der ADAC zusätzlich von einer möglichen Einflussnahme. Die explizite Referenz auf die Expertise der Kontrollinstanz durch die abstrakte Kollektivbezeichnung *Experten* (vgl. Kap. 5.2.1) fokussiert darüber hinaus die Kompetenz derselben. Insgesamt wird suggeriert, dass die Überprüfung der Testergebnisse korrekt und ohne Beeinflussung abläuft. Der ADAC stellt sich überdies als Agens der Erteilung des Kontrollauftrags dar (*mit dem wir*...), um damit sein Einverständnis mit der Kontrolle und die Freiwilligkeit dieser Handlung zu unterstreichen.

In Beispiel (51) wird auf keine konkreten Kontrollinstanzen referiert, sondern auf eingeleitete *Nachprüfungen*, die von Kooperationspartnern des ADAC in Auftrag gegeben wurden:

(51)   Um alle Vorwürfe endgültig zu entkräften, ordnete das Testkonsortium der europäischen Automobilclubs und der Verbraucherschutz-Organisationen wie Stiftung Warentest, die alle auf Basis des ADAC Reifentests veröffentlichen, <u>Nachprüfungen</u> des diesjährigen Sommerreifentests an. (*ADAC Motorwelt*, 04/2014, 36)

Die Intention in (51) besteht vermutlich darin, der Überzeugung der präsentierten Experten Ausdruck zu verleihen, dass die Vorwürfe keinen Bestand haben, sondern *entkräftet* werden. Das Adverb *endgültig* spricht möglichen Vorwürfen nach dieser (letzten) Überprüfung und Entkräftung ihre Daseinsberechtigung ab.

Die Präsentation externer Kontrollen und Kontrollinstanzen erfolgt jedoch nicht nur in Bezug auf vermeintlich in der Vergangenheit liegende Fehler und Versäumnisse, sondern auch mit Blick auf die zukünftige Tätigkeit des ADAC:

(52)   Um die Reform des ADAC zuverlässig abzusichern, findet diese unter Mitwirkung und
         Aufsicht unabhängiger Berater und eines Beirats aus angesehenen Persönlichkeiten des
         öffentlichen Lebens statt. (*ADAC Motorwelt*, 03/2014, 76)

Mit der Attribuierung der Berater als *unabhängig* will sich der ADAC erneut von einer
möglichen Einflussnahme distanzieren. Dabei wird die Zusammensetzung der benannten Gremien mit ihrem Status in der Öffentlichkeit begründet (*angesehene Persönlich-
keiten*); der ADAC macht so deutlich, dass ihm diesbezüglich kein Eigennutz vorzuwer-
fen ist. Insgesamt wird so der Eindruck der Neutralität evoziert bzw. gewahrt. Vermeintlich unabhängigen Experten, Gremien, etc. wird „Einlass ins Interne des ADAC"
gewährt und damit der Wille zur uneingeschränkten Transparenz (die, wie oben dargelegt, nicht gänzlich besteht) suggeriert.

5.3.2   Offenlegung von Arbeitsschritten und –prozessen

Transparenz hinsichtlich der Arbeitsschritte und -prozesse des ADAC vermittelt den
Rezipienten in ihrer Rolle als Verbraucher den Eindruck einer konsistenten, durchdach-
ten und strategischen Handlungsweise der Organisation. Die detailgenaue und informa-
tionsreiche Darlegung von Arbeitsschritten suggeriert ihnen, dass sie „bei jedem Schritt"
dabei sein und den ADAC-Mitarbeitern quasi über die Schulter blicken können. Die
Entkräftung der Manipulationsvorwürfe erfolgt so indirekt.

(53)   Das Platzangebot wird zum Beispiel mit einer Apparatur gemessen, die 69 Kilo wiegt
         und das Polster wie ein ebenso schwerer Mensch eindrückt (siehe r.). Sie ist in der Höhe
         und zum Fußraum hin verstellbar, sodass genau abgelesen werden kann, wie viel Kopf-
         und Beinfreiheit vorhanden ist. „Die Messtoleranz liegt bei wenigen Millimetern", er-
         klärt Autotester Frank Tremel. Genauso akribisch geht er vor, wenn es um das Koffer-
         raumvolumen geht. Hier werden Normquader aus Schaumstoff eingeschlichtet. Anders
         als bei den Herstellern zählt beim ADAC nicht jeder kleine Hohlraum oder die Reser-
         veradmulde dazu. Schließlich lässt sich hier kein Gepäck unterbringen. Im Fall des Skoda
         Roomster kommen dann 375 statt 480 Liter Volumen heraus. (*ADAC Motorwelt*,
         03/2014, 32)

In Beispiel (53) wird Transparenz durch den Eindruck von Genauigkeit suggeriert. Bezifferungen (*69 Kilo, 375 statt 480 Liter*) und Attribuierungen hinsichtlich der Arbeits-
moral (*akribisch, genau abgelesen*) charakterisieren zunächst das eigene Vorgehen als
detailgenau und durchsichtig, bevor durch Kontrastierungen (*Anders als bei den Her-
stellern ..., ...375 statt 480...*) auf die Besonderheit dieser Exaktheit gegenüber anderen
Testern verwiesen wird. Ein Mehrwert für die Verbraucher wird vermittelt.

Die vermeintliche Offenheit über die eigenen Vorgehensweisen wird dabei zusätzlich durch den Einsatz von Visualisierungen gestützt:

(54)   Mit einer Messpuppe bestimmt er das Platzangebot (*ADAC Motorwelt*, 03/2014, 32)

Als besonders anschaulich kann in Bezug auf Transparenzvermittlung auch Beispiel (55) betrachtet werden:

(55)   Tagesordnung: 1. Feststellung der Stimmliste 2. Berichte des Präsidiums 3. Genehmi-
        gung des Jahresabschlusses 2013 4. Entlastung des Präsidiums 5. Wahlen 6. Voran-
        schlag für das laufende Geschäftsjahr 7. Anträge 8. Beschlüsse des Verwaltungsrats
        gemäß § 12 Abs. 7c) der ADAC Satzung 9. Ort der nächsten ADAC Hauptversamm-
        lung. (*ADAC Motorwelt*, 04/2014, 62)

Im Rahmen der Ankündigung der nächsten ADAC-Hauptversammlung wird die entsprechende Tagesordnung öffentlich gemacht. Um diese möglichst übersichtlich zu gestalten und die eigene Offenheit dadurch zu unterstreichen, werden die einzelnen Tagespunkte mit Ordinalzahlen aufgeführt. Die Intention, Transparenz zu suggerieren, wird an dieser Stelle besonders evident, da mit der Veröffentlichung der thematischen Punkte und ihrer Abfolge den Rezipienten Informationen vermittelt werden, die im Wesentlichen nur für die Teilnehmer der Versammlung von Bedeutung sind. Dass die nicht eingeladenen Mitglieder in ihrer Gänze ebenfalls über die Tagesordnung informiert werden, macht den Rezipienten glaubhaft, dass sie in das Innere, den Kern der Organisation, eingelassen werden und damit letztlich überprüfen können, ob der ADAC im Sinne seiner Verlautbarungen handelt.

5.4 Integrität suggerieren

Die letzte im AZ II vorgefundene Strategie zur Vertrauensförderung ist das „Suggerieren von Integrität". Unter Integrität im Organisationskontext wird die Übereinstimmung des in der Praxis gezeigten Verhaltens der Organisation mit den (ethisch-normativen) Werten, die sie für sich in Anspruch nimmt, gemeint (KLEINFELD/KETTLER 2011: 278). Da es die Methoden der linguistisch ausgerichteten Arbeit nicht erlauben, die tatsächliche Übereinstimmung von Verhalten und Werten zu überprüfen, soll an dieser Stelle lediglich vom Suggerieren der Integrität die Rede sein. Unter Integrität wird dann die kommunikative Darstellung ethischer Wertvorstellungen verstanden, durch die sich ein Akteur gegenüber seinen Interaktionspartnern als moralisches Vorbild präsentieren möchte (SCHÜTZ/HERTEL 2003: 93).

Für die strategische Vertrauensförderung kann festgehalten werden, dass das Suggerieren von Integrität primär auf die Vermittlung von „Konsistenz" ausgerichtet ist, darüber hinaus jedoch auch in Relation zu den anderen Vertrauen begünstigenden Faktoren steht: Die „Konsistenz" ergibt sich aus dem konstanten Vertreten der für sich beanspruchten Wertvorstellungen; das „Interesse" besteht in der Annahme, dass diese ethischen Wertvorstellungen als gemeinsames Ziel betrachtet werden können; „koordiniertes Handeln" ergibt sich aus der Bereitschaft, das organisationale Handeln an diesen Wertvorstellungen auszurichten und dabei gegebenenfalls auch Handlungseinschränkungen hinzunehmen; die „Kompetenz" fußt letztlich auf der Tatsache, dass die Explikation von Handlungsnotwendigkeiten nur durch das Vorhandensein von sowohl fachlicher als auch Problemlösungskompetenz zustande kommen kann.

5.4.1 Hervorheben verantwortungsethischer Ziele

Integrität wird einem Akteur i.d.R. nur dann zugeschrieben, wenn er sich nicht nur „formaljuristisch oder aus einer Perspektive der ökonomischen Vernunft" (SCHRANZ 2007: 55) korrekt verhält, sondern sich auch an informellen moralischen Erwartungen orientiert. Im Sinne assertiver Selbstdarstellung verweist der ADAC im AZ II wiederholt auf seine – nicht selten mit für den Verbraucher positiven Folgen verbundenen – ethischen Zielsetzungen. Den Bezugsgruppen wird die ethisch-moralische Dimension des Selbstbildes des ADAC vermittelt, um letztlich informellen, in den Teilöffentlichkeiten vorherrschenden Erwartungen zu entsprechen.

(56) Für uns sind <u>Offenheit, Transparenz und umfassende Aufklärung</u> oberstes Gebot. (*AD-AC Motorwelt*, 02/2014, 4)

(57) Wir zerstören Autos, <u>damit sie sicherer werden.</u> Im Schnitt wird auf der ADAC Crash-anlage in Landsberg ein Fahrzeug pro Woche einem Härtetest unterzogen. Kernfrage: Wie gut schützt das Auto seine Insassen, wenn es zu einem Unfall kommt? (*ADAC Motorwelt*, 03/2014, 19)

(58) Weitere Mobilitätstests, die mit wechselndem Abstand wiederholt werden, <u>um die Sicherheit oder die Verbraucherfreundlichkeit zu verbessern</u>, sind unter anderem: Fähren, Autobahnbaustellen, Straßenbrücken, Taxis, Mietwagen, Skipisten, Rastanlagen oder Parkhäuser. (*ADAC Motorwelt*, 03/2014, 20)

(59) Kommt das Auto bei einem Ausweichmanöver ins Schlingern? Wie sieht die Fahrstabilität bei Aquaplaning aus? Wie lang sind die Bremswege? <u>Auf diese Fragen wollen wir mit unseren Tests Antworten geben – und wenn es sein muss, vor unsicheren Produkten warnen.</u> Gerade heute, wo auch Billigreifen im Internet angepriesen werden, <u>müssen Käufer Bescheid wissen.</u> (*ADAC Motorwelt*, 03/2014, 20)

(60) <u>Um verlorenes Vertrauen wiederzugewinnen</u>, ist schnelles und entschiedenes Handeln nötig. Das ist der ADAC Spitze bewusst, die gemeinsam mit renommierten externen Unternehmensberatern als ersten Schritt einen 10-Punkte-Plan beschlossen hat. <u>Er soll zügig und gründlich Missstände beseitigen und eine transparente, moderne Organisation schaffen.</u> (*ADAC Motorwelt*, 03/2014, 76)

(61) <u>Der Club will Ihnen und Ihrer ganzen Familie Sicherheit vermitteln.</u> (*ADAC Motorwelt*, 04/2014, 62)

Um Integrität zu suggerieren, benennt der ADAC Ziele, die er explizit als Zielgröße benennt (Beispiel (61)); die er kausal mit seinem eigenen Leistungsspektrum in Relation setzt ((57), (58) und (59)); oder sie als selbst auferlegte Ansprüche in Bezug auf eine ethisch-moralische Arbeitsweise darstellt ((56), (60)). Sprachlich manifestieren sich die Verweise durch den Gebrauch von Konsekutivsätzen mit *um*, einen Finalsatz mit *damit* sowie den Einsatz von Hochwertwörtern (*Offenheit, Transparenz, Aufklärung, transparent, modern, Sicherheit*). Dass die Verbalisierung von augenscheinlich erstrebenswerten Zielen mit der Erklärung von Absichts- und Zielbekundungen sowie der Verwendung von aufwertenden Lexemen einhergeht, erscheint in diesem Zusammenhang logisch. Die persuasive Kraft wird in Beispiel (59) zudem durch die Kontrastierung mit auf dem Markt vorherrschenden Missständen erhöht.

Dass diese Zielsetzungen v.a. den Verbrauchern dienen sollen und für sie aufgestellt wurden, wird wiederholt durch den Einsatz rhetorischer Fragen (z.B. (57) und (59)) illustriert: Der Textproduzent greift Fragen auf, die von den Rezipienten selbst gestellt werden könnten. Es findet ein Perspektivwechsel statt. Damit werden die vom Textproduzenten formulierten Zielsetzungen gleichsam als Antwort des ADAC auf mögliche

Verbraucherfragen perspektiviert. Dies wird z.T. durch die Konstruktion von Wir- und Ihr-Gruppen unterstützt ((56), (57) und (61)).

Anzunehmen ist überdies, dass die Rezipienten die vom ADAC kommunizierten Vorsätze und Absichten in zukünftige Erwartungshaltungen integrieren. SCHÄFER (2013: 218) konstatiert diesbezüglich, dass ein „Sich-Festlegen und Beziehen einer Position" Transparenz schafft und damit die „Überprüfung der Konsistenz zwischen sprachlichen und nicht-sprachlichen Handeln möglich macht." Sobald eine Organisation die eigene Position formuliert habe, sei die Basis für einen Vergleich zwischen Sagen und Tun geschaffen (SCHÄFER 2013: 218). Darüber hinaus ist festzuhalten, dass eine Position, die einmal eingenommen wurde, auch in diachroner Hinsicht überprüfbar wird. So kann bspw. leicht im Auge behalten werden, inwiefern die verbalisierten Zielsetzungen konstant bleiben oder nicht.

5.4.2   Fehler und Versäumnisse einräumen

Neben dem Hervorheben ethisch-moralischer Zielsetzungen kann gerade auch das „Zugeben kleinerer Schwächen" (SCHÜTZ/HERTEL 2003: 93) dazu führen, dass die Organisation von seinen Bezugsgruppen als integer wahrgenommen wird. SCHÜTZ/HERTEL (2003: 93) meinen diesbezüglich, das Eingestehen von Fehlern lasse die Organisation den jeweiligen Bezugsgruppen „näher erscheinen" und könne als menschliche Schwäche angesehen werden. Selbst wenn die Organisation für sich in Anspruch genommene Werte vermeintlich verletzt habe, könne eine Verantwortungsübernahme bewirken, dass der Glaube an die Ehrlichkeit und Wertekonstanz des Akteurs bestehen bleibt (SCHÜTZ/HERTEL 2003: 93 f.).

Beachtet werden muss in Anbetracht dieser Überlegungen, dass die Substrategie „Fehler und Versäumnisse eingestehen" in Tradition defensiver Selbstdarstellungstechniken steht. So werden nicht positive Verhaltensweisen zur Darstellung der persönlichen Integrität zur Schau gestellt, sondern ganz im Gegenteil eigene Schwächen aufgezeigt, um indirekt die Konstruktion eines positiven Images voranzutreiben (EBERT/PIWINGERb 2007: 217). SCHÜTZ/HERTEL (2003: 93 f.) weisen vor diesem Hintergrund darauf hin, dass Eingeständnisse die Gefahr bergen, dass der gewünschte Effekt ins Gegenteil umschlagen könne. Um solch mögliche negative Implikationen zu vermeiden, nutzt der ADAC verschiedene Strategien:

(62) Wir haben das Eingeständnis, dass die Zahl der absoluten Stimmen verändert wurde. (*ADAC Motorwelt*, 02/2014, 4)

(63) F: Gibt es beim ADAC Compliance-Richtlinien? A: Ja, die gibt es, aber ganz offensichtlich sind sie nicht ausreichend. (*ADAC Motorwelt*, 02/2014, 4)

(64) „Wir bedauern zutiefst, dass Unregelmäßigkeiten im ADAC sehr viel Vertrauen zerstört haben", sagt Dr. August Markl, kommissarischer Vorsitzender des Präsidiums. „Dafür möchten wir uns bei den Mitgliedern, Mitarbeitern und Automobilherstellern in aller Form entschuldigen." (*ADAC Motorwelt*, 03/2014, 77)

Die Beispiele (62) und (63) bilden Auszüge aus einem Interview mit dem damaligen ADAC-Präsidenten Peter Meyer in unmittelbarer Folge des Bekanntwerdens der Skandalenthüllungen ab. In Beispiel (62) wird der Eindruck der Unbeteiligtheit des Automobil-Clubs an den Manipulationen erweckt. *Wir* grenzt den ADAC vom vermeintlichen Verursacher dieser Manipulationen ab, der jedoch von Peter Meyer nicht benannt wird. Durch eine Passivkonstruktion wird die Darstellung eines Agens ausgespart. So bleibt letztlich unerwähnt, dass es sich bei dem Verursacher der Manipulationen um den ehemaligen Kommunikationschef des ADAC und damit einen Mitarbeiter in einer sehr hohen Position handelte. Es ist anzunehmen, dass so ein Zuschreibungstransfer negativer Eigenschaften (Teil-Ganzes-Beziehung) vermieden werden soll. Dafür spricht auch, dass an dieser Stelle das wertneutrale Lexem *verändert* statt eines den Sachverhalt negativ evaluierenden Lexems wie *manipuliert* genutzt wird. In Beispiel (63) gesteht Peter Meyer zwar das Versäumnis des ADAC ein, über ausreichende Compliance-Richtlinien[33] verfügt zu haben; der (nicht explizierte) Vorwurf, dadurch den Manipulationsskandal mit verschuldet zu haben, wird aber im selben Moment dadurch entkräftet, dass die Existenz dieser Richtlinien auch vor dem Skandal bestätigt und damit gleichsam impliziert wird, dass die Probleme lediglich durch die mangelhafte Umsetzung der Richtlinien begünstigt wurde, nicht aber durch mangelnde gute Absicht.

Auch Beispiel (64) versucht, die Schwere der eingestandenen Fehler bzw. Vergehen abzuschwächen, indem auf sie durch den Euphemismus *Unregelmäßigkeiten* referiert wird. Der Betroffenheit des ADAC über diese (als gar nicht so schwerwiegend dargestellten) Fehler wird dann durch das emotionsbezeichnende Lexem *bedauern* und das Fokuspartikel *zutiefst* Ausdruck verliehen. Der expressive Sprechakt des Sich-Entschuldigens soll abermals verdeutlichen, dass der ADAC bereit ist, die volle Ver-

---

[33] „Compliance als Förderung und Sicherung von Integrität ist als ganzheitliche organisationale Aufgabe zu verstehen, die sich prozessual sowie im Sinne eines kontinuierlichen Verbesserungsprozesses durch alle Funktionen und Bereiche der Organisation zieht" (KLEINFELD/KETTLER 2011: 283).

antwortung für sein Handeln zu übernehmen. Verschiedene Studien (z.B. Bundesmi-nisterium des Inneren 2008: 11) haben gezeigt, dass ein solches Vorgehen zu einer Versachlichung der Diskussion um den in die Schlagzeilen geratenen Akteur führen kann und eine positive Bewertung desselben fördert. Dass der Schweregrad der Fehler in Beispiel (64) zuvor durch *Unregelmäßigkeiten* abgeschwächt wurde, mindert wie bereits erwähnt die Bedrohung des vertrauenswürdigen Images zusätzlich.

5.4.3 Rechtfertigung

Ähnlich wie die vorangegangene Substrategie ist auch die Rechtfertigungsstrategie vor dem Hintergrund defensiver Selbstdarstellungstechniken zu betrachten. Der Textprodu-zent gibt zwar zu, dass ein bestimmter negativer Sachverhalt stattgefunden hat, führt aber gleichzeitig mildernde Umstände für ihn auf, um so einen Verantwortungstransfer zu vollziehen. In den Darstellungen des ADAC sind Fehlverhalten dabei entweder auf Einzelne zurückzuführen (Beispiele (65) und (66)) oder resultieren aus externen Fakto-ren, die gesellschaftlichen Entwicklungen unterliegen und nicht durch eigenes Verhal-ten beeinflusst werden können (Beispiele (67) und (68)):

(65)   Doch bei allen Regeln und Kontrollen kommt es am Ende auf die Verantwortung jedes Einzelnen und seine Integrität an. Selbst beim besten Compliance-System kann man Verfehlungen nicht vollständig ausschließen. (*ADAC Motorwelt*, 02/2014, 4)

(66)   Es ist leider nie ausgeschlossen, dass jemand ein Fluggerät vorsätzlich missbräuchlich verwendet. In dem Fall, der bekannt wurde, haben wir sofort die nötige personelle Kon-sequenz gezogen. (*ADAC Motorwelt*, 02/2014, 5)

(67)   Idealvereine dürfen wirtschaftlich tätig sein, diese Aktivitäten müssen aber Nebenzweck bleiben, also dem Verein und vor allem seinen Mitgliedern zugutekommen. Viele Vereine oder Hilfsorganisationen können heutzutage ihre Aufgaben nur durch solche eingeschränkte Wirtschaftstätigkeit erfüllen, weil die Einnahmen durch Beiträge nicht ausreichen. Beim ADAC fließen die Überschüsse aus der (rechtlich und steuerlich ab-getrennten) Wirtschaftstätigkeit dem Kerngeschäft zu – vor allem der Pannenhilfe und der Luftrettung. (*ADAC Motorwelt*, 03/2014, 78)

(68)   Seit der letzten Anpassung 2004 ist die Zahl unserer Leistungsfälle deutlich angestie-gen, bei der Pannenhilfe etwa um 11, bei Krankenrücktransporten um 13 und bei Kfz-Rücktransporten um 41 Prozent. Auch das allgemeine Preisniveau wuchs: 2004 kostete z. B. ein voll ausgestattetes Straßenwachtfahrzeug 41 000 €, heute sind es rund 53 000 €. Mit der Beitragsanpassung können wir das Leistungsangebot weiter in gewohnter Qualität und Zuverlässigkeit garantieren. (*ADAC Motorwelt*, 04/2014, 62)

Beide Techniken dienen dazu, die eigene Verantwortung implizit abzuschwächen, in-dem das augenscheinliche Verletzen bestimmter ethischer Normen nicht auf das eigene

Verhalten zurückgeführt wird. So wird die selbstschädigende Wirkung des Ereignisses eingegrenzt. Es erfolgt eine die Vorkommnisse relativierende Perspektivierung. Auf sprachlicher Ebene wird der Verantwortungstransfer z.B. durch verallgemeinernde temporale Adverbien (Bsp. (66) und (67)), Hervorhebungen (Bsp. (65) und (66)), Verweise auf kausale Zusammenhänge (67) sowie Bezifferungen (68) unterstützt. Bei den Beispielen (67) und (68) wird zudem die Kopplung mit der unter 5.4.1 vorgestellten Substrategie „Hervorheben verantwortungsethischer Zielsetzungen" deutlich: So werden die für die ADAC-Mitglieder vermeintlichen Nachteile der Beitragserhöhungen als eigentlicher Mehrwert im Sinne eines Aufrechterhaltens bzw. Ausbaus des Leistungsspektrums umgedeutet.

5.4.4   Eigene Kritikfähigkeit herausstellen

Bei der letzten Substrategie zum Suggerieren von Integrität handelt es sich um das Herausstellen der eigenen Kritikfähigkeit. Die Korpusanalyse hat gezeigt, dass dieses bspw. dadurch geleistet wird, dass der ADAC auf bestehende Kritik verweist und/oder sich selbst die Überprüfung dieser Vorwürfe auferlegt (Beispiele (69), (70) und (71)) oder konkrete Maßnahmen und Handlungsnotwendigkeiten benannt werden (72):

(69)   Wir nehmen sämtliche Vorwürfe sehr ernst und werden nicht ruhen, bis alles aufgeklärt ist. (*ADAC Motorwelt*, 02/2014, 4)

(70)   Auch diese Kritik nehmen wir an und überprüfen unsere internen Abläufe, etwa im Test- und Technik Zentrum. (*ADAC Motorwelt*, 02/2014, 4)

(71)   Es gibt erheblichen Veränderungsbedarf im ADAC – das haben die Vorgänge rund um die Verleihung des Autopreises „Gelber Engel" und viele Vorwürfe in Presse und Öffentlichkeit gezeigt. (*ADAC Motorwelt*, 03/2014, 76)

(72)   Als Sofortmaßnahmen sind folgende Punkte bereits beschlossen: # Die Automobil-Auszeichnung „Gelber Engel" wird es in Zukunft nicht mehr geben. # Es finden ab sofort keine ADAC Tests ohne doppelte Qualitätskontrolle statt. # ADAC Helikopter werden ausnahmslos für Rettungsflüge eingesetzt. # Pannenhelfer bekommen keinen Bonus für den Verkauf von Starterbatterien. Gemeinsam mit dem Betriebsrat werden nun Gespräche geführt, um sicherzustellen, dass die Straßenwachtfahrer dadurch finanziell nicht schlechter gestellt werden. # Ein Chief Compliance Officer (CCO) wird beim ADAC künftig auf die Einhaltung von Verhaltensrichtlinien achten und soll Verstöße aufdecken. (*ADAC Motorwelt*, 03/2014, 78)

Bei den Beispielen (69), (70) und (71) wird die Ernsthaftigkeit der Absichtserklärungen sprachlich durch Hervorhebungen per Fokuspartikel (*sehr, erheblich*) und Modalpartikel (*bereits*) sowie durch die konventionelle Metapher *nicht ruhen werden* unterstri-

chen. In Beispiel (72) wird zum einen durch das separate Aufführen der einzelnen Maßnahmen durch Doppelkreuze der Eindruck von Transparenz erzeugt, zum anderen untermauert der Gebrauch des futurischen Präsens und des Futurs I den finalen Charakter
der benannten Änderungen. Charakteristisch bei dieser Strategie ist demnach, dass die
dem Akteur zur Last gelegten Fehler und Versäumnisse vollends akzeptiert zu werden
scheinen und im Unterschied zu den unter 5.4.2 und 5.4.3 dargelegten Substrategien
nicht abgeschwächt oder durch externe Umstände gerechtfertigt werden.

Konkrete Maßnahmen und Handlungsnotwendigkeiten werden darüber hinaus durch
den Einsatz von Visualisierungen veranschaulicht. Die Maßnahmen werden stichpunkt-
artig mit Hilfe eines Graphen geordnet, der diese in einem geplanten chronologischen
Ablauf darstellt. Als Nebenprodukt zu Integrität wird damit gleichfalls auch Transparenz suggeriert:

REFORMPROGRAMM

Der 10-Punkte-Plan des ADAC

Externer Beirat

Selbstverständnis und Leitlinien

Studien, Test und Awards

Prozesse und Compliance

Strukturen und Rechtsformen

Wirksame Sofortmaßnahmen

Leistungen und Produkte

Mitgliedereinbindung

ADAC-weite Programmorganisation

Unternehmenskultur & Zusammenarbeit
Führungsverhalten, Mitarbeiterbeteiligung, Wissensmanagement

Start Februar 2014   Ziel Ende 2014

(73)   Der 10-Punkte-Plan des ADAC (*ADAC Motorwelt*, 03/2014, 76)

Die benannten Stichpunkte selbst können als z.T. im Rahmen dieser Arbeit aufgeführte
vertrauensfördernde (Sub-)Strategien erfasst werden – so z.B. der Verweis auf den *externen Beirat* als Ausdruck für die Präsentation externer Kontrollen und Kontrollinstanzen – oder als Hochwertwörter (*Zusammenarbeit, Compliance, Unternehmenskultur*)
bzw. sprachliche Ausdrücke mit positiver Konnotation (*Mitgliedereinbindung, Mitarbeiterbeteiligung*) beschrieben werden. Die positive Attribuierung von Teilen des Re-
formprozesses (*wirksame Sofortmaßnahmen*) sowie die Auflistung einer Reihe von im

Unternehmenskontext verankerten Lexemen (*Führungsverhalten*, *Leitlinien*, etc.) ergänzen das Bild eines transparenten, fachlich versierten und kritikfähigen Akteurs.

Den Rezipienten wird nicht nur ein kompetentes und planvolles Vorgehen zur Wiederherstellung ethisch-moralischer Wertvorstellungen, sondern auch die Akzeptanz des eigenen Fehlverhaltens suggeriert. Beispiel (73) macht damit zum Abschluss der Ergebnispräsentation die Verbindung aller im Rahmen dieser Arbeit herangezogener Vertrauen begünstigenden Faktoren besonders anschaulich.

6. Zusammenfassung und Diskussion der Ergebnisse

Die im vorangegangenen Kapitel vorgestellten Ergebnisse sollen nun zusammengefasst und diskutiert werden. Um die zu Beginn der Arbeit aufgestellte These zu überprüfen, dass AZ I und AZ II phasenabhängige Unterschiede bezüglich der Vertrauensförderung aufweisen, sollen die in der Analyse etablierten vertrauensfördernden Strategien sowohl den im Theorieteil dargelegten Vertrauen begünstigenden Faktoren gegenübergestellt (Kap. 6.1.1) als auch im Kontext organisationaler Selbstdarstellung betrachtet werden (Kap. 6.1.2). Im Anschluss daran gilt es, die Annahme einer grundsätzlichen Emotionalisierung der Rezipienten bei der Vertrauensförderung zu diskutieren (Kap 6.2).

6.1 Kontrastierung der Analysezeiträume

6.1.1 ... in Bezug auf die Vertrauen begünstigenden Faktoren

Sowohl im AZ I als auch im AZ II konnten die mit dem Modell der Vertrauensförderung präsentierten Vertrauen begünstigenden Faktoren aufgezeigt werden. Abbildung 5 veranschaulicht die Zuordnung der Strategien zu den Faktoren sowie deren enge Verzahnung:

AZ	Strategie	Vertrauen begünstigender Faktor	
I + II	Persönlichen Bezug herstellen	Interesse	K
		Koordiniertes Handeln	O
	Kompetenz vermitteln	Kompetenz	
		Interesse	N
		Koordiniertes Handeln	S
	(Tradition/Erfahrungen)	Konsistenz	I
II	Transparenz suggerieren	Konsistenz	S
		Koordiniertes Handeln	T
	Integrität suggerieren	Konsistenz	E
		Interesse	N
		Kompetenz	
		Koordiniertes Handeln	Z

Abb. 5: Zuordnung der vertrauensfördernden Strategien zu den Vertrauen begünstigenden Faktoren

Grundsätzlich kann in Übereinstimmung mit den theoretischen Darlegungen festgehalten werden: Die einzelnen Vertrauen begünstigenden Faktoren sind eng miteinander verflochten. Der erste Faktor der Auflistungen stellt den Vertrauen begünstigenden Faktor dar, der durch die jeweilige Strategie primär gestützt wird; die innerhalb der Strategie mit diesem Faktor verflochtenen weiteren Faktoren werden darunter – in alphabetischer Reihenfolge – aufgelistet. Bei näherer Betrachtung ergaben sich daraus zwei Feststellungen: Erstens, die etablierten vertrauensfördernden Strategien weisen vielfältige Kopplungen und Überschneidungen auf, können jedoch zu analytischen Zwecken getrennt werden. Zweitens, durch die Zuordnung der Strategien zu den Faktoren kann vermutet werden, dass bestimmte Strategien als obligatorisch anzusehen sind und bei jeder Phase der Vertrauensförderung anwesend sein müssen, während andere Strategien als fakultativ einzustufen sind und lediglich in spezifischen Phasen auftreten müssen.

Die Strategie „Persönlichen Bezug herstellen" stellt phasenübergreifend die Basis der Beziehungsgestaltung für die Vertrauensförderung und für die Verbundenheit mit dem Rezipienten dar. Innerhalb der vorliegenden Arbeit äußerte sich dies darin, dass der ADAC in der Rolle des Textproduzenten den Verbraucher und dessen Vorlieben – durch z.B. Visualisierungen, direkte und expressive Sprechakte, Zitate etc. – als den Fokus der eigenen Interessen darstellt. Dadurch kommuniziert der Automobilclub Signale, die von den Rezipienten als „Interesse" gedeutet werden sollen. Darüber hinaus macht der ADAC klar, dass diese Bedürfnisse und Anliegen der Verbraucher oftmals ausschlaggebend für das eigene Handeln sind. Darin besteht „Koordiniertes Handeln" vonseiten des ADAC. Gleichzeitig werden aber auch die Rezipienten zum koordinierten Handeln aufgerufen, indem sie mittels Appellen und direktiver Sprechakte zur Mitgestaltung, Partizipation oder Inanspruchnahme von Club-Leistungen aufgefordert werden (vgl. Kap. 5.1.3). Darin zeigt sich gleichzeitig die enge Verbindung zu der vertrauensfördernden Strategie „Kompetenz vermitteln".

Die Strategie „Kompetenz vermitteln" ist als zweite wesentliche Strategie der Vertrauensförderung allgemein und als primäre Strategie zur Kommunikation des Vertrauen begünstigenden Faktors „Kompetenz" zu betrachten. In der vorliegenden Arbeit fokussiert bspw. die Substrategie „Präsentation des Leistungsspektrums" – sprachlich realisiert mittels Referenzialisierungen, der Konstruktion einer Wir-Gruppe etc. - die vielfältigen Tätigkeitsbereiche des ADAC, die auf eine weitgefächerte Kompetenz des Clubs schließen lassen sollen. Die „Präsentation von Experten" suggeriert (direkt oder indirekt über den Bezug auf Dritte) ein Wissensgefälle zwischen dem ADAC als Koryphäe und den Verbrauchern als Laien. Gleichzeitig wird (insbesondere) durch die Substrategien „Erteilen individueller Handlungsempfehlungen" sowie „Herausstellen verbraucherrelevanter Missstände" der Faktor „Interesse" evident, da die vonseiten des ADAC erbrachten Leistungen mit der Wahrnehmung und/oder Anteilnahme des Clubs an den Bedürfnissen der Verbraucher begründet werden. Dass der ADAC wiederum seine Leistungen an den Interessen der Verbraucher ausrichtet, illustriert die Rückkopplung zur Strategie „Persönlichen Bezug herstellen" und führt den Faktor „Koordiniertes Handeln" vor Augen.

Neben diesen phasenübergreifend nachgewiesenen Strategien konnten im AZ II darüber hinaus zwei weitere Strategien[34] ermittelt werden: „Transparenz suggerieren" und „Integrität suggerieren". Mit beiden Strategien intendiert der Automobilclub, sich durch das Offenlegen von Informationen von Rezipienten überprüfbar zu machen und bei diesen folglich den Eindruck eines größtmöglichen Handlungsspielraums zu erwecken. Beim Suggerieren von Transparenz geschieht dies durch die Kommunikation von vermeintlich internen und den Lesern im Normalfall nicht zugänglichen Informationen, z.B. in Form von Bezifferungen, Visualisierungen und Auflistungen sowie durch die Darstellung der eigenen Unabhängigkeit bzw. Unbeteiligtheit an Kontrollen durch (Fremd-)Attribuierungen wie *federführend*, *extern* oder *unabhängig*. Beim Suggerieren von Integrität erlegt sich der Club – durch Hochwertwörter, positiv konnotierte Lexeme, etc. – ethische und moralische Werte auf und macht sein Verhalten im Zuge dessen für seine Bezugsgruppen vorhersehbar. Gleichzeitig kommt es mit den unter 5.4.2 bis 5.4.4 dargestellten Substrategien zu mehr oder minder starken Eingeständnissen der eigenen Fehlbarkeit. Sowohl beim Suggerieren von Transparenz als auch beim Suggerieren von Integrität wird vorrangig der Faktor „Konsistenz" deutlich.

Insbesondere in Hinblick auf den Faktor „Konsistenz" wurden in der Korpusanalyse phasenabhängige Unterschiede ausgemacht. Wie bereits dargelegt, wird Konsistenz vorrangig durch die Strategien „Transparenz suggerieren" und „Integrität suggerieren" evoziert. Damit handelt es sich um diejenigen Strategien, die ausschließlich im AZ II,

---

[34] In Kapitel 1.2.1 wurde dargelegt, dass in einer auf einen Vertrauensbruch folgenden Phase verstärkt Informationen zwischen Vertrauensnehmer und Vertrauensgeber ausgetauscht werden (müssen), um dem Gegenüber die eigene Vertrauenswürdigkeit zu demonstrieren bzw. diese unter Beweis zu stellen und dadurch dessen Erwartungen an einen vertrauenswürdigen Partner entsprechen zu können. Wenngleich innerhalb der vorliegenden Arbeit keine Aussagen hinsichtlich quantitativer Frequentierungen der vertrauensfördernden Strategien getroffen werden sollen, kann festgehalten werden, dass sich der erwähnte verstärkte Informationsaustausch in der vorliegenden Arbeit in der qualitativen Vielfalt der angewendeten Strategien widerspiegelt: So konnten im AZ I zwei Strategien der Vertrauensförderung nachgewiesen werden und im AZ II vier Strategien.

nicht aber im AZ I vorkamen. Mit Hinblick auf die diachrone Bedeutungskomponente von Konsistenz legen diese Erkenntnisse nahe, dass der Automobilclub im Zuge der Rückgewinnung von Vertrauen bewusst Werte wie Konstanz, Beständigkeit und Kontinuität akzentuieren will, um den im AZ II aktuellen Vertrauensbruch als „Ausrutscher" in der traditionsreichen Organisationsgeschichte zu charakterisieren und dadurch abzuschwächen. Gleichzeitig soll durch die Vermittlung von „Konsistenz" auf die Kongruenz von Wort und Tat verwiesen werden, um auf die im damaligen Zeitraum bestehenden Manipulationsvorwürfe und Unaufrichtigkeiten zu reagieren.

Nichtsdestotrotz wird der Faktor „Konsistenz" indirekt auch im AZ I evident. Die obige Übersicht macht deutlich: „Konsistenz" ist als Kategorie der Vertrauensförderung anzusehen, die allen Strategien übergeordnet ist. Diese „übergeordnete Konsistenz" fokussiert nicht den Traditionsreichtum des Automobilclubs, sondern zeigt Aussagekonstanz in diachroner Hinsicht an. Damit macht sich der Automobilclub ähnlich wie bei den ausschließlich für AZ II festgehaltenen Strategien überprüfbar. Letztlich bleibt damit festzuhalten, dass auch im AZ I Fragmente von Transparenz und Integrität vermittelt werden, wenngleich dies auch nicht durch separate kommunikative Strategien erfolgt.

Die Darstellung von „Konsistenz" in Form von Aussagekonstanz ist im AZ I nicht auf eine Strategie limitiert, wie z.B. die wiederkehrende Präsentation von Experten; sie wird oftmals durch das Ineinandergreifen verschiedener Strategien realisiert. Wesentlich ist, dass sich die Botschaften der einzelnen Strategien nicht widersprechen (vgl. SCHÄFER 2013: 292). In Beispiel (74) setzt der ADAC die von der Regierung geplante Pkw-Maut mit seinem eigenen Leistungsspektrum, dem ADAC-Konzept „Auto finanziert Straße", in Verbindung. Gleichzeitig hebt er inhaltliche Differenzen zwischen beiden Entwürfen hervor, indem er den Entwurf der Bundesregierung mit Bezug auf einen (europa-) rechtlichen Maßstab durch *Wermutstropfen* negativ evaluiert:

(74)   Die genannten Eckpunkte der neuen Koalitionsmaut stellen die wesentlichen Elemente des ADAC Konzepts „Auto finanziert Straße" dar. Einen Wermutstropfen gibt es aber: Die europarechtliche Bewertung des Vignettenmodells für Pkw steht aus. Mindestens zwei Jahre wird die EU benötigen, um ihren juristischen Standpunkt zur deutschen Maut für Ausländer und eine mögliche Ablehnung mitzuteilen. (*ADAC Motorwelt*, 11/2013, 3)

Diese Negativhaltung des ADAC gegen die Ausländermaut wird in späteren Ausgaben über die Präsentation von Experten (Beispiel (75)) und über das Herausstellen verbraucherrelevanter Missstände, die durch eine Ausländermaut hervorgerufen werden könnten, (Beispiel (76)) gestützt:

(75)   Ausländer sollen endlich für unsere Autobahn zahlen. Der ADAC findet: pure Tatsa-
         chenverdrehung! Ausländische Pkw-Fahrer zahlen über die Spritsteuer schon heute knapp
         doppelt so viel Geld an den deutschen Staat, wie sie an Autobahnkosten verursachen.
         Das hat das <u>Deutsche Institut für Wirtschaftsforschung (DIW)</u> errechnet. (*ADAC*
         Motorwelt, 12/2013, 28)

(76)   Eine Anfrage der Grünen brachte es an den Tag: Das Verkehrsministerium hat keine
         Vorstellung von den Folgen der Ausländermaut auf den Verkehr: „Der Bundesregie-
         rung liegen keine Untersuchungen zu Verdrängungseffekten bei Einführung einer Pkw-
         Maut (Vignette) vor." Dabei kann die Flucht ausländischer Autofahrer vor einer Auto-
         bahnvignette gravierende Auswirkungen haben, gerade in Grenznähe. Zu besichtigen ist
         das in Bayern: Autofahrer verstopfen rund um Freilassing die Nebenstraßen, weil sie für
         die kurze Fahrt nach Salzburg keine Autobahn-Vignette kaufen wollen. Rund um Kuf-
         stein das gleiche Spiel: Seit Österreich auch auf den ersten Autobahn-Kilometern auf
         der Vignetten-Pflicht beharrt, fürchten die Orte neben der Autobahn den Dauerstau. Sieht
         so die Zukunft in vielen deutschen Grenzregionen aus? (*ADAC Motorwelt*, 01/2014, 10)

Die innerhalb der Strategien vermittelten Botschaften weisen eine inhaltliche Konsistenz auf. Diese Konsistenz muss als grundlegend für die Wahrnehmung und Akzeptanz
dieser Botschaften verstanden werden, widersprüchliche Aussagen innerhalb der (verschiedenen) Strategien würden die organisationale Glaubwürdigkeit – als Synthese von
„Konsistenz" und „Kompetenz" (vgl. Kap. 1.2.2) – bedrohen. Dass diese Form der
Konsistenz nicht nur im AZ II, sondern ebenfalls im AZ I vermittelt wurde, erscheint
damit schlüssig.

6.1.2 ... in Bezug auf organisationale Selbstdarstellung

Der kontrastive Vergleich der Analysezeiträume ergibt in Bezug auf die organisationale Selbstdarstellungsfunktion von PR folgende Übersicht:

AZ	Strategie	Selbstdarstellungshandlungen
I + II	Persönlichen Bezug herstellen	assertiv
	Kompetenz vermitteln	assertiv
		offensiv
II	Transparenz suggerieren	assertiv
		defensiv
	Integrität suggerieren	assertiv
		defensiv
		offensiv

Abb. 6: Zuordnung der vertrauensfördernden Strategien zu Selbstdarstellungshandlungen

Wie Abbildung 6 veranschaulicht, weisen alle etablierten Strategien Merkmale assertiver Selbstdarstellung auf. Bei der Korpusanalyse konnte aufgezeigt werden, dass der ADAC durch seine Kommunikation zielgerichtete Handlungen vornimmt, die direkt zum Aufbau seines positiven und vertrauenswürdigen Selbstbildes führen sowie seinen Einfluss und seine Kontrolle erhöhen sollen (RÜDIGER/SCHÜTZ 2016: 5). Für den Automobilclub stellen assertive Selbstdarstellungshandlungen die zentrale Technik der Vertrauensförderung dar; diese Technik konnte nicht nur in beiden Analysezeiträumen, sondern sogar bei allen etablierten vertrauensfördernden Strategien nachgewiesen werden. So wird die assertive Selbstdarstellung bei der Präsentation von Sympathieträgern in Beispiel (77) über Visualisierungen sowie der Evaluierung des ADAC-Mitarbeiters als *hilfsbereit* realisiert.

(77)   Herzlich willkommen im ADAC Postbus: **Hilfsbereite Busfahrer** verkaufen Tickets und verstauen Gepäck (*ADAC Motorwelt*, 11/2013, 100)

In Beispiel (78) stellt der ADAC mit der Strategie „Präsentation des Leistungsspektrums" seine eigenen Fähigkeiten und Verdienste zur Schau, um sich als kompetent darzustellen.

(78)   Mission Leben retten: Rund um die Uhr ist der Rettungshubschrauber der ADAC Station in Senftenberg im Einsatz. Seit 2012 sind die Piloten mit speziellen Nachtsichtgeräten ausgerüstet, die ihre Sicherheit bei Dunkelheit erheblich verbessern. (ADAC Motorwelt, 12/2013, 67)

Wie die obigen Beispiele zeigen, bedeutet die Tatsache, dass die beiden dargelegten Strategien – „Persönlichen Bezug herstellen" und „Kompetenz vermitteln" – primär den Aufbau eines positiven Selbstbildes intendieren, jedoch nicht, dass ausschließlich explizite positive Selbstbeschreibungen zu verzeichnen sind. Im Gegenteil dominierte im gesamten Korpus in Übereinstimmung mit den im Theorieteil illustrierten Ausführungen hinsichtlich des impliziten Charakters der natürlichen Vertrauensbildung der implizierte Charakter der vertrauensfördernden Mittel. Veranschaulichen tut dies die exemplarische quantitative Auswertung des Korpus bezüglich expliziter Referenzen auf die eigene Kompetenz oder die Kompetenz Dritter[35]. Demnach wurden die Lexeme Kompetenz und kompetent folgendermaßen häufig vorgefunden:

AZ	Ausgabe	Eigene Attribuierung	Fremdattribuierung
I	November 2013	-	1
	Dezember 2013	-	1
	Januar 2014	1	1
II	Februar 2014	1	-
	März 2014	-	-
	April 2014	-	-

Abb. 7: Quantitatives Vorkommen der Lexeme Kompetenz und kompetent in absoluten Zahlen

Weder die expliziten Referenzen auf die eigene Kompetenz noch jene auf die Kompetenz Dritter können als signifikant erachtet werden. Als ursächlich hierfür muss „das zentrale Dilemma der Selbstdarstellung" (BIERE 1994: 10) erachtet werden. Der Linguist BIERE (1994: 10) sieht dieses in der Gefahr der sozialen Diskriminierung, die durch

---

[35] Von der, wie unter 5.2.1 dargelegt, ebenfalls auf die eigene Kompetenz geschlossen werden soll.

explizites Selbstlob gefördert werde. Laut ihm nütze es wenig, sich positive Eigenschaften explizit selbst zuzuschreiben; man müsse stattdessen „andere Formen des Sagens" (BIERE 1994: 11) finden, die das eigene Selbstbild kommunizierbar machen. Die unter 5.2 illustrierten Substrategien zur Vermittlung von Kompetenz können in Anbetracht dieser Überlegungen als die von BIERE (1994: 11) erwähnten „Ersatzstrategien" verstanden werden.

Abgesehen von den phasenübergreifenden Strategien weisen auch die im AZ II ermittelten Strategien assertive Züge auf. SCHÜTZ/HERTEL (2003: 93) stellen fest, dass der assertiven Selbstdarstellung im Falle eines Skandals „eine unterstützende Funktion zum Erhalt bzw. der Wiederherstellung" des gewünschten – sprich: vertrauenswürdigen – Images zugeschrieben werden, indem versucht wird, negative Aspekte und Vorkommnisse durch das Betonen positiver Faktoren abzuschwächen. Diese Beobachtung erscheint auch für das vorliegende Korpus schlüssig. So setzt der ADAC in Beispiel (53) bspw. den in der Öffentlichkeit bestehenden Manipulationsverdächtigungen die detailgenaue Deskription von Arbeitsschritten entgegen, um so Transparenz zu suggerieren. In Beispiel (56) führt er darüber hinaus die Hochwertwörter *Offenheit, Transparenz* sowie *Aufklärung* an, um seine ethischen Zielsetzungen zu benennen und den Vorwürfen hinsichtlich vermeintlichen Eigennutzes bzw. Bevorteilung indirekt zu widersprechen.

Neben diesen assertiven Techniken finden sich im Korpus auch Evidenzen offensiver wie defensiver Selbstdarstellung. Im Hinblick auf die Vermittlung von Kompetenz kann beispielsweise festgehalten werden, dass – ausschließlich – im AZ II des vorliegenden Korpus nicht nur assertive Techniken, sondern auch offensive Selbstdarstellungshandlungen ermittelt wurden. Wie Beispiel (45) gezeigt hat, realisiert der ADAC dies vorrangig über die Kritik an Dritten, deren Meinung, Einstellung o.ä. angezweifelt wird. Indem die Kompetenz der anderen abgewertet wird, werden indirekt die eigene Meinung und Einstellungen positiv bewertet, was den Aufbau des vertrauenswürdigen Selbstbilds fördert. Neben der Kritik an Dritten erfolgen offensive Selbstdarstellungstechniken weiterhin über die Kritik an Kritikern. Bei der folgenden Präsentation des Leistungsspektrums zweifelt der ADAC die vermeintliche Vertrauens- und Glaubwürdigkeit des Kritikers an, um so indirekt für sich selbst Vertrauenswürdigkeit in Anspruch zu nehmen. Mittels einer Täter-Opfer-Umkehr versucht der ADAC, sich als Opfer falscher Kritik darzustellen:

(79)   Sehr früh kam auch der Reifentest des ADAC ins Gerede. Ein „Insider" hatte den Me-
        dien berichtet, dass die Reifenhersteller schon frühzeitig wüssten, welche Dimensionen
        der ADAC im nächsten Jahr testet. Zwar bezog sich dieser Vorwurf auf einen Zeitraum
        Ende der 90er-Jahre – der ADAC hatte schon damals auf dieses Gerücht reagiert und
        umgehend den Einkaufsprozess geändert –, doch einmal ausgesprochen, setzte sich der
        Vorwurf in den Medien fest. (*ADAC Motorwelt*, 04/2014, 36)

Der Automobilclub versucht, die Aufmerksamkeit der Leserschaft auf andere öffentliche Akteure zu lenken und sich über deren Abwertung selbst aufzuwerten, um damit
gleichzeitig die Abwertung, die er selbst erfährt, als unrechtmäßig darzustellen.

Im Gegensatz zum AZ I konnten im AZ II zudem defensive Selbstdarstellungstechniken
ausgemacht werden. Insbesondere die Substrategien „Präsentation externer Kontrollen
und Kontrollinstanzen", „Fehler und Versäumnisse einräumen", „Rechtfertigung" sowie
„Eigene Kritikfähigkeit herausstellen" dienen vorrangig der Verteidigung des vermeintlich bedrohten Selbstbildes. So leugnet der ADAC in Beispiel (51) durch die Absichts-
erklärung *Um alle Vorwürfe endgültig zu entkräften*, dass die ihm zu Last gelegten Er-
eignisse überhaupt stattgefunden haben, in Beispiel (64) erfolgt eine Entschuldigung,
um weitere Glaubwürdigkeitsverluste zu vermeiden (SCHÜTZ/HERTEL 2003: 92) und die
Beispiele (65) bis (68) illustrieren den mit einer Rechtfertigung einhergehenden Verantwortungstransfer bzw. das Anführen mildernder Umstände, die die eigene Image-
bedrohung abschwächen sollen. Insgesamt nutzt der ADAC demnach unterschiedliche
„Stufen" (SCHÜTZ/HERTEL 2003: 91) defensiver Selbstdarstellungstechniken, wobei
Beispiel (51) als niedrigste Stufe und Beispiel (64) als höchste Stufe möglicher Schuld-
eingeständnisse zu werten ist (SCHÜTZ/HERTEL 2003: 90 ff.). Insgesamt hofft der AD-
AC, von der Demonstration von Schwäche zu profitieren (EBERT/PIWINGER 2007: 217).

Zusammenfassend kann festgehalten werden, dass im AZ I persuasive Strategien der
Vertrauensförderung in Tradition assertiver Selbstdarstellungshandlungen vorzufinden
sind. Dadurch dass Glaub- und Vertrauenswürdigkeit des ADAC intakt sind und eine
vertrauensvolle Relation zu den relevanten Teilöffentlichkeiten vorherrscht, kommt es
zu keinerlei „Gesichtsbedrohungen", die durch defensive oder offensive Selbstdarstellungshandlungen abgewehrt werden müssen. Anders im AZ II, in dem sich der ADAC
massiver Kritik vonseiten der Öffentlichkeit ausgesetzt sah. Hier kommen neben assertiven Strategien ebenso defensive und vereinzelt offensive Strategien zum Einsatz. Neben diesen typologischen Differenzen bezüglich organisationaler Selbstdarstellungshandlungen, kann nichtsdestotrotz festgehalten werden, dass die vertrauensfördernde
Selbstdarstellung phasenübergreifend implizit erfolgt. Dies stimmt mit dem unter 1.2.3

dargelegten Modell der Vertrauensförderung überein: Bei Vertrauen handelt es sich um ein pragmatisches Phänomen, das im Rahmen dieses Korpus implizit prozessiert wurde. Vertrauensfördernde „Ersatzstrategien" vermeiden so nicht zuletzt eine soziale Stigmatisierung infolge expliziter Selbstbeschreibungen.

6.2 Emotionalisierung als Dachstrategie der Vertrauensförderung

Wie im Kapitel 1.1 dargelegt, stellt Vertrauen eine soziale Einstellung dar, die neben einer kognitiven und konativen auch eine affektive Komponente enthält. Diese Kenntnis begründet die für die vorliegende Arbeit formulierte These, Vertrauensförderung intendiere immer auch eine Emotionalisierung der Rezipienten[36]. Diese Emotionalisierung wird als eine globale, die individuellen vertrauensfördernden Strategien überlagernde Strategie aufgefasst. In Anlehnung an die Bezeichnung einer globalen Strategie im Marketing (vgl. UNGER/FUCHS ³2005: 640) wird sie als Dachstrategie bezeichnet. Im Folgenden soll dargelegt werden, welche Gefühle und Emotionen der ADAC bei der Vertrauensförderung (vermeintlich) erzeugen will, wie er dabei sprachlich vorgeht und ob Differenzen innerhalb der beiden Analysezeiträume ermittelt werden können.

(80)   Überglücklich hält Alessandro Zanardi sein Hand-Bike in die Höhe. Soeben hat er die Goldmedaille bei den Paralympics 2012 in London gewonnen. Die italienischen Medien bejubeln den ehemaligen Formel 1-Fahrer als „Ass des Lebens". Ob Zanardi sich im Moment des Triumphs an seine Lebensretter von damals erinnert hat? (*ADAC Motorwelt*, 12/2013, 66)

(81)   Wer heute der kleinen Leona beim Spielen zuschaut, kann kaum glauben, wie schwierig ihr Start ins Leben war. Sie kreischt vergnügt im Bällebad und wirft sich fröhlich in die Arme ihres Papas Xhevdet Hykasmoni. Dass sich das Mädchen so gut entwickeln würde, konnte bei ihrer Geburt am 28. August 2012 niemand ahnen. Denn Leona kam zwei Monate zu früh im Urlaub im Kosovo auf die Welt. (*ADAC Motorwelt*, 02/2014, 86)

Sowohl Beispiel (80) als auch Beispiel (81) veranschaulichen exemplarisch die Strategie „Präsentation von Sympathieträgern". In beiden Fällen handelt es sich bei diesen Sympathieträgern um Verbraucher, entweder um ADAC-Mitglieder oder um andere Nutzer des ADAC-Angebots. Die Leistungen des ADAC erfahren hierbei eine durchweg positive Charakterisierung. Dabei werden explizit positive emotionale Zustände benannt (*überglücklich, bejubeln, Triumph; vergnügt, fröhlich*), in denen sich die Verbraucher in (mehr oder weniger direkter) Folge einer Inanspruchnahme der ADAC-

---

[36] An dieser Stelle sei nochmals darauf hingewiesen, dass die hier besprochene Emotionalisierung lediglich das „Angebot für emotionale Rezeptionsreaktionen" (SKIRL 2012: 351) meint und nicht das tatsächliche Auslösen dieser Reaktionen (s. Kap. 2.2.3).

Leistungen befinden. Den Verbrauchern werden die positiven Basisemotionen FREU-DE/GLÜCK zugeschrieben, die in den vom ADAC ausgelösten, situativen Umständen[37] begründet liegen. Im gesamten Korpus konnte in Übereinstimmung mit diesen Beispielen phasenübergreifend ein hoher Grad an Explizitheit bei der Darstellung der durch den ADAC bei Verbrauchern ausgelösten positiven Emotionen festgestellt werden.

In diesen wie in vielen weiteren Beispielen des Korpus findet sich durchgehend eine die Verbraucher als Gerettete darstellende Perspektivierung. Auch hierin liegt ein starkes Emotionspotenzial für die Rezipienten. Die positive Evaluierung der ADAC-Leistungen erfolgt dabei indirekt durch das Erschließen des Referenz- und Inferenzpotenzials, indem zunächst auf für den Sympathieträger bestehende negative Umstände und Widrigkeiten hingewiesen wird. In Beispiel (80) suggeriert der Verweis auf die *Paralympics* und die Referenzialisierung des Sympathieträgers als *ehemaligen Formel 1-Fahrers* einen schweren Unfall, bei dem der ADAC zur Rettung eilen musste; in Beispiel (81) verweist die Aussage *Denn Leona kam zwei Monate zu früh im Urlaub im Kosovo auf die Welt* auf die Gefahr, die bei einer Frühgeburt für den Säugling besteht. Gleichzeitig bewerten die Aussagen *kann kaum glauben* sowie *konnte niemand ahnen* (Beispiel 81) und *Ass des Lebens* (Beispiel 80) die Rettungen aus diesen Situationen als ungewöhnlich bzw. überraschend, sodass bei den Rezipienten die Emotion ERSTAUNEN ausgelöst werden kann. Der ADAC wird damit gleichzeitig auch als (besonders) kompetent dargestellt. Bei den Lesern der *ADAC Motorwelt* können so durch das Zusammenspiel von Perspektivierungen und Evaluierungen Ausprägungen der Basisemotion FURCHT (um die Sympathieträger) und GLÜCK bzw. DANKBARKEIT (gegenüber dem ADAC) evoziert werden. Dieses Vorgehen kann sich damit auch auf die Evokation von SYMPATHIE für den ADAC auswirken.

Der hohe Grad an Explizitheit beschränkt sich jedoch nicht nur auf die Darstellung von positiven Emotionen, sondern findet abhängig von der jeweiligen vertrauensfördernden Strategie auch bezüglich negativer Emotionen statt.

(82)   Direkt unter dem Bürofenster rumpelt er vorbei: der nicht endende Strom aus 40- Tonnern, Lieferwagen und Pkw. Ottmar Schweizer, der Bürgermeister von Möglingen, schaut wehmütig hinaus. „In 24 Jahren Amtszeit hätte ich es gern geschafft, dem Ort in seiner Mitte wieder ein lebenswertes Zentrum, ein neues Herz zu geben. Leider war mein Kampf vergebens." (*ADAC Motorwelt*, 11/2013, 21)

(83)   Die Pannenhelfer sind sehr betroffen. Gerade für Gelbe Engel, die schon lange im Dienst sind, ist jetzt eine Welt zusammengebrochen. (*ADAC Motorwelt*, 02/2014, 24)

---

[37] Für einen Überblick zu möglichen Emotionsklassifikationen siehe SCHWARZ-FRIESEL ([2]2013: 67 ff.).

Beispiel (82) gibt den emotionalen Zustand eines Verbrauchers innerhalb der Darstellung eines verbraucherrelevanten Missstandes wieder. Der ADAC will diesen Missstand anprangern und intendiert dafür, bei den Rezipienten die Emotion TRAUER auszulösen. Dafür nutzt er neben der direkten Verbalisierung von TRAUER durch das emotionsbezeichnende Lexem *wehmütig* verschiedene konventionelle Metaphern (*der nicht endende Strom*; *Leider war mein Kampf vergebens*). Die dadurch intendierte Emotionalisierung des Rezipienten soll nicht nur in Empathie resultieren, sondern stellt gleichsam das Fundament der Identifikationsbasis für die Rezipienten dar und trägt damit zur Steigerung des Persuasionspotenzials bei. Die Rezipienten sollen von der Ansicht des ADAC überzeugt werden und dessen negative Evaluierung des Sachverhalts übernehmen.

Auch Beispiel (83) setzt die Basisemotion TRAUER um, indem die missliche Lage der Pannenhelfer in Folge zunehmender Manipulationsverdächtigungen nach dem „Gelben Engel"-Skandal beschrieben wird. Im AZ II werden die ADAC-Pannenhelfer wiederholt als Opfer vermeintlich falscher Beschuldigungen perspektiviert. Die negative Bewertung dieser Opferposition erfolgt in diesem Beispiel durch eine Metapher (*...ist jetzt eine Welt zusammengebrochen*) sowie das emotionsbezeichnende Lexem *betroffen,* dessen Intensität durch das Partikel *sehr* gesteigert wird. Letztlich intendiert die Darstellung von TRAUER aufseiten des ADAC, bei den Rezipienten Mitgefühl auszulösen, möglicherweise neben TRAUER auch WUT oder ENTRÜSTUNG als Ausprägungen der Basisemotionen ZORN zu evozieren. Der ADAC verfolgt somit indirekt eine Strategie der Schuldabwehr, indem ADAC-Mitarbeiter als vermeintlich leidtragende Opfer der Manipulationen charakterisiert werden.

Interessant erscheinen im AZ II zudem Emotionsdarstellungen, die sich auf das Innere des Menschen bzw. ihr eigenes Verhalten beziehen. SCHWARZ-FRIESEL ([2]2013: 67) benennt hier z.B. Emotionen wie SCHAM, REUE und BEDAUERN. Innerhalb des Korpus konnte festgestellt werden, dass ausschließlich BEDAUERN direkt verbalisiert wurde. Zumeist wurde die Emotion wie in Beispiel (64) durch das explizite Anführen emotionsbezeichnender Lexeme im Zuge der Strategie „Fehler und Versäumnisse einräumen" dargestellt. Die Tatsache, dass die bezüglich ihrer Wertigkeit negativeren Emotionskategorien (SCHWARZ-FRIESEL [2]2013: 69) SCHAM und REUE nicht expliziert wurden, deutet darauf hin, dass der ADAC einer zu starken Negativevaluierung durch die Rezipienten entgegenwirken will. Der Automobilclub gesteht zwar eigene Fehler ein, der Schwergrad der Schuld wird jedoch durch die Darstellung von BEDAUERN statt SCHAM und REUE relativiert.

Die Darstellung von Emotionen erfolgt jedoch nicht nur sprachlich, sondern auch durch Visualisierungen. Laut KROEBER-RIEL/ESCH ([8]2015: 240) eignen sich Bilder durch ihre schnelle Verarbeitung und die Möglichkeit, komplexe Informationen abzubilden, im besonderem Maße dazu, wirklichkeitsnahe Darstellungen zu vermitteln. Bereits an den Beispielen (15) und (16) wurde deutlich, dass solche wirklichkeitsnahen Darstellungen den Rezipienten insbesondere Emotionen näherbringen können: Durch die Abbildung von nonverbalem Verhalten (hier: Lächeln und Lachen, Sich-einander-Zuwenden) können die Basisemotion FREUDE samt zugehöriger Kategorien wie ZUFRIEDENHEIT (Beispiel (15)) oder ERHEITERUNG (Beispiel (16)) illustriert werden. Den Rezipienten wird dadurch suggeriert, dass jedweder Kontakt mit dem ADAC, sei es während eines Panneneinsatzes oder generell über die Mitgliedschaft, als angenehm empfunden wird.

Ähnlich wie bei der Darstellung positiver Emotionen werden in der *ADAC Motorwelt* auch negative Emotionen durch Visualisierungen zu evozieren versucht.

(84) Langzeitwirkung: Die ADAC Unfallforschung beginnt an der Unglücksstelle (*ADAC Motorwelt*, 03/2014, 18)

(85) Nach der Brandkatastrophe 1999 taten die Betreiber des Tauerntunnels viel mehr für Sicherheit. Der ADAC Tunneltest lieferte wertvolle Hinweise (*ADAC Motorwelt*, 03/2014, 20)

Beispiel (84) und (85) wurden im AZ II im Zusammenhang mit dem Aufzeigen verantwortungsethischer Zielsetzungen eingesetzt. Vermeintlich authentische Fotos samt Bildunterschriften suggerieren die Botschaft, dass zukünftige Unfälle, ähnlich den in den Fotos abgebildeten, durch ADAC-Leistungen vermieden werden können. Die Rolle der Visualisierungen besteht darin, den Rezipienten die eventuellen Folgen vor Augen zu führen, die durch ein Ausbleiben von ADAC-Leistungen eintreten könnten bzw. z.T. schon eingetreten sind. Die Basisemotion FURCHT wird genutzt, um das Handeln und die Leistungen des ADAC zu legitimieren und damit nicht nur dessen Kompetenz zu betonen, sondern gleichsam den ethischen Hintergrund der ADAC-Ziele hervorzuheben. Dieses Vorgehen konnte ausschließlich im AZ II festgestellt werden. Es erscheint wenig verwunderlich, wurde doch die entsprechende Strategie „Hervorheben verantwortungsethischer Ziele" nur im AZ II ermittelt.

Gemein ist AZ I und AZ II die Darstellung negativer Emotionen zur Bildung einer Identifikationsbasis für die Rezipienten:

(86)   Stress bei der Parkplatzsuche: In den Städten wird der Platz knapp (*ADAC Motorwelt*, 12/2013, 18 f.)

Beispiel (86) wurde im Rahmen der Strategie „Herausstellen verbrauchernaher Missstände" eingesetzt. Der ADAC prangert die immer unzureichender werdende Anzahl innerstädtischer Parkplätze an. Die Fotografie selbst stellt dabei eine verbrauchernahe Lebenswirklichkeit dar: Zwei Autofahrer befinden sich im Streit um einen Parkplatz. Die Proxemik, Gestik und Mimik der abgebildeten Personen illustrieren die dabei ausgelösten Emotionen WUT und VERÄRGERUNG. Die intendierte Emotionalisierung soll eine Identifikationsbasis für die Rezipienten schaffen. Die Rezipienten sollen Mitgefühl empfinden und dadurch letztlich die negative Evaluierung des Sachverhalts bzw. Missstandes übernehmen. Der ADAC unterstreicht so seine Bedeutung als kompetenten Ansprechpartner bei Problemen rund um Verkehrsthemen.

7. Fazit und Ausblick

Vertrauen ist für das alltägliche Leben unabdingbar. Auch und gerade mit zunehmender Ausdifferenzierung der Gesellschaft und damit einhergehender Komplexität muss es als essentielle Fähigkeit von Akteuren aufgefasst werden, vertrauensvolle Beziehungen eingehen und aufrechterhalten zu können und dabei insbesondere seine eigene Vertrauenswürdigkeit darzustellen. Umso wichtiger ist die Erkenntnis, dass Vertrauen strategisch durch Sprache gefördert werden kann. Im Rahmen dieser Arbeit wurde die Förderung von Vertrauen durch PR aus Sicht organisationaler Akteure perspektiviert und anhand eines beispielhaften Korpus bestehend aus Ausgaben des Mitgliedermagazins *ADAC Motorwelt* analysiert. Dabei konnte die Existenz verschiedener vertrauensfördernder Strategien nachgewiesen werden.

Vertrauensförderung muss dabei als ganzheitlicher Prozess begriffen werden, dessen einzelne Strategien gegenseitigen Beeinflussungsbeziehungen unterliegen. Mit der Strategie „Persönlichen Bezug herstellen" wird relevanten Teilöffentlichkeiten nicht nur die Wahrnehmung der sie betreffenden Lebenswirklichkeiten demonstriert, sondern gleichfalls die Anteilnahme des ADAC an den daraus resultierenden Bedürfnissen der Verbraucher. Durch die Strategie „Kompetenz vermitteln" stellt sich der Automobilclub darauf aufbauend als kompetenter Dienstleister dar, der seine Leistungen in Abstimmung mit verkehrsbezogenen und verbraucherrelevanten Lebenslagen ausrichtet und damit für die Bedürfnisse der Verbraucher eintritt. Diese Strategien werden z.T. außerdem durch „Transparenz suggerieren" und „Integrität suggerieren" ergänzt. Den Rezipienten wird nahegelegt, dass der ADAC eine ihnen gegenüber offene Informationspolitik betreibt und sich an ethisch-moralischen Grundsätzen orientiert – was wiederum einen Mehrwert für die Verbraucher darstellt.

Der kontrastive Vergleich zwischen den festgelegten Analysezeiträumen konnte zeigen, dass in Phasen stabiler Vertrauensbeziehungen vorrangig fachspezifische sowie sozialpsychologische Dimensionen organisationaler Verhaltensweisen illustriert werden, während in Phasen, die durch einen Vertrauensbruch eingeleitet wurden, zusätzlich eine ethische Dimension betont wird.

Des Weiteren konnte belegt werden, dass phasenübergreifend eine Emotionalisierung der Rezipienten angestrebt wird. Das Emotionspotenzial eines Textes muss damit als substanzielles Element der Vertrauensförderung betrachtet werden. Emotionen werden bewusst zu evozieren versucht, um die mit den persuasiven Strategien angestrebten

Wirklichkeitsvorstellungen zu stützen. Während positive Emotionen zumeist die Zufriedenheit, das Glück und die Freude der ADAC-Bezugsgruppen perspektivierten, dienten negative Emotionen dazu, bei den Rezipienten Empathie für die Verbraucher bzw. ADAC-Mitarbeiter zu evozieren und in Konsequenz die vorgenommenen Perspektivierungen und Evaluierungen zu übernehmen. In Phasen instabiler Vertrauensbeziehungen wurden negative Emotionen darüber hinaus zur Abschreckung und Illustration negativer Konsequenzen, die beim Ausbleiben von ADAC-Leistungen eintreten könnten, genutzt.

Wenngleich die präsentierten Funde als repräsentativ für das in dieser Arbeit untersuchte Korpus angesehen werden können, könnten sich weiterführende Analysen hinsichtlich einer Bestätigung oder Falsifizierung der präsentierten Ergebnisse als gewinnbringend erweisen. Dabei könnte insbesondere die Ausweitung des Korpus erkenntnisreich sein: entweder durch die Hinzunahme weiterer Darstellungsformen, wie z.B. Pressemitteilungen, oder die Analyse weiterer öffentlicher Akteure, z.B. Einzelakteure wie Politiker, oder Organisationen bzw. Institutionen, deren thematischer Fokus von dem des ADAC divergiert. Ein weiterer Ansatzpunkt wäre die zeitliche Ausdehnung der zu untersuchenden Analysephasen. Dabei ist nicht zuletzt auch von Interesse, welche sprachlichen Strategien der Vertrauensförderung in den ersten beiden Phasen der Genese von Vertrauen ausgemacht werden können. Differenzierungen innerhalb der einzelnen Phasen können zudem weitere Erkenntnisse bringen. So ist es beispielsweise weitestgehend anerkannt, dass innerhalb von Krisen unterschiedliche Phasenverläufe erkennbar sind – haben diese divergierenden Verläufe also Auswirkungen auf die Bemühungen, Vertrauen zu (re-)stabilisieren?

Darüber hinaus würden insbesondere quantitative Untersuchungen aufzeigen, ob in verschiedenen Phasen der Vertrauensentwicklung Differenzen in der Frequentierung der vertrauensfördernden Strategien ausgemacht werden können. Gleiches gilt für phasenabhängige Unterschiede in der Häufigkeit und Gestaltung der zum Einsatz kommenden Substratgien; so könnte beispielsweise vermutet werden, dass in krisenbehafteten Zeiten vornehmlich externe Experten als Fürsprecher gewählt werden, um der vermeintlichen Gefahr einer gesellschaftlichen Stigmatisierung zu entgehen.

8. Literaturverzeichnis

ADAC E.V., 2014. Reform für Vertrauen: ADAC Hauptversammlung bestätigt Reformergebnisse zur Neuausrichtung des Clubs. https://presse.adac.de/meldungen/adac/reform-fuer-vertrauen-adac-hauptversammlung-bestaetigt-reformergebnisse-zur-neuausrichtung-des-clubs.html [Letzter Zugriff: 30.05.2016].

ADAC E.V., 2015a. Wir über uns. https://www.adac.de/wir-ueber-uns/default.aspx [Letzter Zugriff: 30.05.2016].

ADAC E.V., 2015b. Satzung des Allgemeinen Deutschen Automobil-Clubs e.V. (ADAC). https://www.adac.de/_mmm/pdf/SATZUNG%20ADAC%20e%20V%20%20Neufassung%202015_99817.pdf [Letzter Zugriff: 30.05.2016].

ADAC E.V., 2015c. Reform für Vertrauen. https://www.adac.de/wir-ueber-uns/reform-fuer-vertrauen/ [Letzter Zugriff: 30.05.2016].

ADAC E.V., 2016. ADAC Motorwelt. https://media.adac.de/print-digital/adac-motorwelt.html [Letzter Zugriff: 29.05.2016].

ANTOS, G./SPITZMÜLLER, J., 2007. Was bedeutet Textdesign? Überlegungen zu einer Theorie typographischen Wissens. In: ROTH, K./SPITZMÜLLER, J. (Hg.), 2007. Textdesign und Textwirkung in der massenmedialen Kommunikation. Konstanz: UVK, 35-48.

ARNING , A., 2012. Imagebildung von Universitäten: Persuasionspotenzial von Hochschulanzeigen zum Tag der offenen Tür. In: IAKUSHEVICH, M./ARNING, A., 2012, 103-128.

BENTELE, G., 1994. Öffentliches Vertrauen – normative und soziale Grundlage für Public Relations. In: ARMBRECHT, W./ZABEL, U. (Hg.), 1994. Normative Aspekte der Public Relations. Grundlegende Fragen und Perspektiven. Eine Einführung. Opladen: Westdeutscher Verlag, 131-158.

BENTELE, G., 32015a. Rekonstruktiver Ansatz. In: FRÖHLICH, R./SZYSZKA, P./ BENTELE, G. (Hg.), 32015, 191-204.

BENTELE 32015b. Öffentlichkeit. In: FRÖHLICH, R./SZYSZKA, P./BENTELE, G. (Hg.), 32015, 1135.

BENTELE 32015c. Corporate Publishing. In: FRÖHLICH, R./SZYSZKA, P./ BENTELE, G. (Hg.), 32015, 1010.

BENTELE, G./FECHNER, R., 32015. Intereffektionsmodell. In: FRÖHLICH, R./ SZYSZKA, P./BENTELE, G. (Hg.), 32015, 319-340.

BENTELE, G./HOEPFNER, J., 32015. Krisenkommunikation. In: FRÖHLICH, R./ SZYSZKA, P./BENTELE, G. (Hg.), 32015, 1123-1125.

BENTELE, G./SEIDENGLANZ, R., 32015. Vertrauen und Glaubwürdigkeit: Begriffe, Ansätze, Forschungsübersicht und praktische Relevanz. In: FRÖHLICH, R./ SZYSZKA, P./BENTELE, G. (Hg.), 32015, 411-430.

BIERE, B., 1994. Strategien der Selbstdarstellung. In: BUNGARTEN, T. (Hg.), 1994, 9-26. BIRKIGT, K./STADLER, M./FUNCK, H., 112002. Corporate Identity Grundlagen. In: BIRKIGT, K./STADLER, M./FUNCK, H. (Hg.), 112002. Corporate Identity. Grundlagen - Funktionen – Fallbeispiele. München: Verlag moderne Industrie, 13-23.

BISCHL, K., 2000. Die Mitarbeiterzeitung: Kommunikative Strategien der positive Selbstdarstellung von Unternehmen. Wiesbaden: Westdeutscher Verlag.

BOURDIEU, P., 1983. Ökonomisches Kapital, kulturelles Kapital, soziales Kapital. In: KRECKEL, R. (Hg.), 1983. Soziale Ungleichheiten. Göttingen: Schwartz, 183-198.

BRINKER, K., 1986. Strategische Aspekte von Argumentationen am Beispiel eines Mediengesprächs. In: HUNDSNURSCHER, F./ WEIGAND, E. (Hg.), 1986. Dialoganalyse: Referate der ersten Arbeitstagung Münster 1986. Tübingen: Niemeyer (= Linguistische Arbeiten 176), 173-184.

BUNGARTEN, T., 1994a. Die Unternehmenskultur aus semiotischer und kompetenztheoretischer Sicht. In: BUNGARTEN, T., Hg., 1994a. Unternehmenskultur als Herausforderung für Gesellschaft und Unternehmen. Tostedt: Attikon Verlag, 9-50.

BUNGARTEN, T. (Hg.), 1994b. Selbstdarstellung und Öffentlichkeitsarbeit von Unternehmen. Tostedt: Attikon Verlag.

COLEMAN, J., 1991. Grundlagen der Sozialtheorie. Bd. 1:Handlungen und Handlungssysteme. München: Oldenbourg.

DEUTSCHE PUBLIC RELATIONS GESELLSCHAFT, 1997. Öffentlichkeits- arbeit/Public Relations: Leitlinien und Berufsbild. In: Journalist, 4, 57-63.

DERIETH, A., 1995. Unternehmenskommunikation: Eine Analyse zur Kommunikations- qualität von Wirtschaftsorganisationen. Opladen: Westdeutscher Verlag.

DEUTSCHES JOURNALISTEN KOLLEG, 2011. ErzählendeTextsorten. http://www.journalistenkolleg.de/c/document_library/get_file?uuid=102c1eef- d2d5- 415e-a56e-84fac3041a2f&groupId=10157 [letzter Zugriff: 13.05.2016].

DUDEN ONLINE, 2016. Krise. http://www.duden.de/rechtschreibung/Krise. [letzter Zugriff: 16.07.2016]

EBERT, H./PIWINGER, M., 2007. Impression Management: Die Notwendigkeit der Selbstdarstellung. In: PIWINGER, M./ZERFAß, A. (Hg.), 2007, 205-226.

EBERT, J./KEßLER, S./VOLK, S., 2015. Akzeptanz durch Transparenz?. In: BENTELE, G. et al. (Hg.), 2015. Akzeptanz in der Medien- und Protestgesellschaft: Zur Debatte um Legitimation, öffentliches Vertrauen, Transparenz und Partizipation. Wiesbaden: Springer VS, 41-56.

EISENEGGER, M., 32015. Identität, Image und Reputation – Eine kommunikations-soziologische Begriffsarchitektur. In: FRÖHLICH, R./SZYSZKA, P./BENTELE, G. (Hg.), 32015, 431-460.

ENDREß, M., 2001. Vertrauen und Vertrautheit: Phänomenologisch-anthropologische Grundlegung. In: HARTMANN, N./OFFE, H. (Hg.), 2001. Vertrauen: Die Grundlage sozialen Zusammenhalts. Frankfurt [u.a.]: Campus Verlag, 161-211.

ENDREß, M., 2002. Vertrauen. Bielefeld: transcript Verlag.

ERIKSON, E., 31980. Jugend und Krise: Die Psychodynamik im sozialen Wandel. Stuttgart: Klett-Clotta.

ESSIG, C./SOULAS DE RUSSEL, D./BAUER, D. ,22010. Das Image von Produkten, Marken und Unternehmen. Sternenfels: Verlag Wissenschaft & Praxis.

FRÖHLICH, R., 32015. Zur Problematik der PR-Definition(en). In: FRÖHLICH, R./ SZYSZKA, P./BENTELE, G. (Hg.), 32015, 103-120.

FRÖHLICH, R./KOCH, T. (Hg.), 2015. Politik – PR – Persuasion: Strukturen, Funktionen und Wirkungen Politischer Öffentlichkeitsarbeit. Wiesbaden: Springer.

FRÖHLICH, R./SZYSZKA, P./BENTELE, G. (Hg.), 32015. Handbuch der Public Relations: Wissenschaftliche Grundlagen und berufliches Handeln. Mit Lexikon. Wiesbaden: Springer VS.

FROMMERT, S., 2012. Sprachliche Persuasionsstrategien in der Teleshopping-kommunikation. Tübingen: Narr.

GANSEL, C., 2008. Vertrauen – Ein pragmatisch-semantisches Phänomen in der Kommunikation? In: POHL, I. (Hg.), 2008. Semantik und Pragmatik - Schnittstellen. Frankfurt a. M. u.a.: Peter Lang, 475-494.

GOFFMAN, W., 61988. Wir alle spielen Theater: Die Selbstdarstellung im Alltag. München u.a.: Piper.

GOLONKA, J., 2009. Werbung und Werte: Mittel ihrer Versprachlichung im Deutschen und im Polnischen. Wiesbaden: Verlag für Sozialwissenschaften | GWV Fachverlage GmbH.

GRIEGER MARKTFORSCHUNG, 2014. Das Vertrauen in den ADAC ist tief erschüttert. https://www.haufe.de/unternehmensfuehrung/wirtschaft-maerkte/umfrage-das-vertrauen-in-den-adac-ist-tief-erschuettert_60_218948.html [letzter Zugriff: 31.03.2016].

GRÜNBERG, P., 2014. Vertrauen in das Gesundheitssystem: Wie unterschiedliche Erfahrungen unsere Erwartungen prägen. Wiesbaden: Springer Verlag.

GRÜNBERG, P. et al., 2015. Die Causa Wulff: Eine Vertrauensanalyse der Medienberichterstattung und des Social Media Diskurses. In: FRÖHLICH, R./KOCH, T. (Hg.), 2015. Politik – PR – Persuasion: Strukturen, Funktionen und Wirkungen politischer Öffentlichkeitsarbeit. Wiesbaden: Springer VS, 285-303.

GUTTKE, M., 2010. Strategien der Persuasion in der Schriftkonstituierten Politischen Kommunikation: Dargestellt am Parteiprogramm der Neuen Rechten in Polen. Frankfurt a. M. [u.a.]: Peter Lang (=Potsdamer Linguistische Untersuchungen 6).

HASSINEN, T./WENNER, M., 1994. Zur Selbstdarstellung in Werk- und Kunden-zeitschriften. In: BUNGARTEN, T. (Hg.), 1994, 27-48.

HELBIG, R., 2005. Herausforderungen der Krisenprävention und Krisenkommunikation politischer Parteien. Berlin [u.a.]: J+K Wissen.

HOFFJANN, O., 2013. Vertrauen in Public Relations. Wiesbaden: Springer Verlag für Sozialwissenschaften.

HUBIG, C./SIEMONEIT, O., 2007. Vertrauen und Glaubwürdigkeit in der Unter-nehmenskommunikation. In: PIWINGER, M./ZERFAß, A. (Hg.), 2007, 171-188.

HUNDHAUSEN, C., 1951. Werbung um öffentliches Vertrauen: Public Relations. Essen: Giradet.

IAKUSHEVICH, M./ARNING, A., 2012. Strategien persuasiver Kommunikation. Hamburg: Verlag Dr. Kovac.

INSTITUT FÜR DEMOSKOPIE ALLENSBACH, 2014. Jeder zweite Bundesbürger hat seine Meinung über den ADAC geändert. http://www.ifd-allensbach.de/uploads/tx_reportsndocs/PD_2014_06.pdf [letzter Zugriff: 30.05.2016].

JANICH, N., 62013. Werbesprache: Ein Arbeitsbuch. Tübingen: Narr .

JARREN, O./RÖTTGER, U., 32015. Public Relations aus kommunikations-wissenschaftlicher Sicht. In: FRÖHLICH, R./SZYSZKA, P./BENTELE, G. (Hg.), 32015, 29-46.

KLEIN, J., 1994. Medienneutrale und medienspezifische Verfahren der Absicherung von Bewertungen in Presse und Fernsehen. Typologie und semiotische Distribution. In: MOILANEN, M./ TIITTULA, L. (Hg.), 1994. Überredung in der Presse: Texte, Strategien, Analysen. Berlin [u. a.]: de Gruyter (= Sprache, Politik, Öffentlichkeit 3).

KLEINERT, N., 2008. Trojanisches Pferd Kundenzeitschrift: Journalismus versus Public Relations. Stuttgart: ibidem.

KLEINFELD, A./KETTLER, A., 2011. Verantwortung Compliance: Integrität als Bestandteilgesellschaftlicher Verantwortung. In: SANDBERG, B./LEDERER, K. (Hg.), 2011. Corporate Social Responsibility in kommunalen Unternehmen: Wirtschaftliche Betätigung zwischen öffentlichem Auftrag und gesellschaftlicher Verantwortung. Wiesbaden: Verlag für Sozialwissenschaften, 273-294.

KLENK, V., 2009. Corporate Transparency: Wege aus der Vertrauenskrise. http://www.klenkhoursch.de/tl_files/images/content/_downloads/CLI_Corporate %20Transparency_Wege%20aus%20der%20Vertrauenskrise_Klenk.pdf [letzter Zugriff: 26.04.2016].

KONTIO, C., 2013. ADAC-Markencheck. http://www.handelsblatt.com/unternehmen/ dienstleister/adac-markencheck-ihr-seid-ja-kein-autoclub-mehr-ihr-seid- ja-ein- puff/7629342.html [letzter Zugriff: 28.02.2016].

KROEBER-RIEL, W./ESCH, F., 82015. Strategie und Technik der Werbung. Stuttgart: W. Kolhammer GmbH (=Kolhammer Edition Marketing).

KÜCKELHAUS, A., 1998. Public Relations: Die Konstruktion von Wirklichkeit. Opladen [u.a.]: Westdeutscher Verlag.

KUNCZIK, M., 52010. Public Relations: Konzepte und Theorien. Köln [u.a.]: Böhlau (=UTB 2277).

KUNDENMONITOR, 2012 https://www.adac.de/_mmm/pdf/ADAC-Sampling- 2014_119256.pdf [letzter Zugriff: 30.03.2016].

LAMBECK, A., 1992. Die Krise bewältigen: Management und Öffentlichkeitsarbeit im Ernstfall. Ein praxisorientiertes Handbuch. Frankfurt a. M.: IMK (=Kommunikation heute und morgen 6).

LENK, H., 1998. ‚Persönliche Perspektivierung' als Persuasionsstrategie in DDR- Pressekommentaren. In: HOFFMANN, M. & KEßLER, C. (Hg.), 1998. Beiträge zur Persuasionsforschung: Unter besonderer Berücksichtigung textlinguistischer und stilistischer Aspekte. Frankfurt a. M. [u. a.]: Lang (= Sprache – System und Tätigkeit 26), 121-155.

LUHMANN, N., 42000. Vertrauen: ein Mechanismus der Reduktion sozialer Komplexität. Stuttgart: Lucius & Lucius Verlagsgesellschaft mbH (= UTB 2185).

MAÊJKOVÁ, P., 2009. Kann sich Linguistik an der Vertrauensforschung beteiligen?: Überlegungen zu einem neuen Gebiet der sprachwissenschaftlichen Forschungen. In: MIKULOVÁ, A./KOVÁŘOVÁ, A. (Hg.), 2009. Brünner Beiträge zur Germanistik und Nordistik. Brno: Masarykova univerzita 14, 45-63.

MAÊJKOVÁ, P., 2011. Ansatz zur linguistischen Untersuchung sprachlicher Mittel der Vertrauensförderung. https://digilib.phil.muni.cz/bitstream/handle/11222.digilib/114750/1_BrunnerBeitratgeGermanistikNordistik_25-2011-1_15.pdf?sequence=1 [letzter Zugriff am 29.01.2016].

MAÊJKOVÁ, P., 2012. Vertrauen durch Texte fördern: Ein linguistischer Ansatz zur Untersuchung von sprachlichen Mitteln der Vertrauensförderung. In: IAKUSHEVICH, M./ARNING, A., 2012, 71-88.

MERTEN, K., 1992. Begriff und Funktion von Public Relations. In: prmagazin 13, 11, 35-46.

MERTEN, K., 1999. Einführung in die Kommunikationswissenschaft. Münster [u.a.]: LIT. MERTEN, K., 32015. Kommunikation und Persuasion. In: FRÖHLICH, R./SZYSZKA, P./BENTELE, G. (Hg.), 32015, 385-398.

MUMMENDY, H., 21995. Psychologie der Selbstdarstellung. Göttingen: Hogrefe.

NAROWSKI, K., 1974. Vertrauen: Begriffsanalyse und Operationalisierungsversuch. Tübingen: W. Blasaditsch.

NEUMAIER, M., 2010. Vertrauen in Entscheidungsprozessen. Wiesbaden: Gabler Verlag.

NOELLE-NEUMANN, E./SCHULZ, W./WILKE, J., 32004. Fischer Lexikon Publizistik/Massenkommunikation. Frankfurt a. M.: Fischer.

PERSPEKTIVE DEUTSCHLAND, 2005. Welchen Institutionen die Deutschen vertrauen. http://www.rp-online.de/wirtschaft/welchen-institutionen-die-deutschen-vertrauen-bid-1.2093302 [letzter Zugriff: 30.03.2016].

PETERS, S., 2012. Masterarbeit: Schein-Evidenz als persuasive Strategie in Presse-Texten am Beispiel der Naturkatastrophenumweltberichterstattung. https://www.linguistik.tu-berlin.de/fileadmin/fg72/PDF/Stephan_Peters_Schein-Evidenz_als_persuasive_Strategie_in_Presse-Texten M.A. 1_.pdf [letzter Zugriff am 22.05.2016].

PIWINGER, M./ZERFAß, A. (Hg.), 2007. Handbuch Unternehmenskommunikation. Wiesbaden: Gabler Verlag.

PLÖTNER, O., 1995. Das Vertrauen des Kunden: Relevanz, Aufbau und Steuerung auf industriellen Märkten. Wiesbaden: Gabler.

PREUSSE, J./RÖTTGER, U./SCHMITT, J., 2010. Begriffliche Grundlagen und Begründung einer unpraktischen PR-Theorie. In: ZERFAß, A./RADEMACHER, L./WEHMEIER, S. (Hg.), 2010, 117-142.

Q_PERIOR, 2014. Umfrage: 72 Prozent der Deutschen haben kein Vertrauen mehr in den ADAC. http://www.q-perior.com/unternehmen/presse/presse-einzelansicht/ article/umfrage-72-prozent-der-deutschen-haben-kein-vertrauen-mehr-in-den- adac.html [letzter Zugriff: 31.02.2016].

REINMUTH, M., 2006. Vertrauen schaffen durch glaubwürdige Unternehmens- kommunikation: Von Geschäftsberichten und den Möglichkeiten und Grenzen einer angemessenen Sprache. http://docserv.uni-duesseldorf.de/servlets/DerivateServlet/ Derivate-3547/1547.pdf [letzter Zugriff am 29.01.2016].

RÜDIGER, M./SCHÜTZ, A., 2016. Selbstdarstellung. https://www.uni-bamberg.de/ perspsych/news/kapitel-selbstdarstellung-von-martin-ruediger-und- astrid-schuetz- erscheint-in-der-enzyklopaedie-der-psychologie/ [letzter Zugriff: 02.05.2016].

RUPP, K., 2008. Sprachliche Konstruktion von Firmenimages: Linguistische Analyse von Sprachstrategien zur Image-Konstruktion bei Unternehmenspublikationen. Saarbrücken: Verlag Dr. Müller.

RIPPERGER, T., 1998. Ökonomik des Vertrauens: Analyse eines Organisationsprinzips. Tübingen: Mohr Siebeck.

RÖTTGER, U., 2007. Kampagnen planen und steuern: Inszenierungsstrategien in der Öffentlichkeit. In: PIWINGER, M./ZERFAß, A. (Hg.), 2007, 381-398.

SCHÄFER, P., 2013. Das Potenzial der Vertrauensförderung: Sprachwissenschaftliche Explikation anhand von Texten der Brücke|Most-Stiftung. Berlin: Erich Schmid Verlag.

SCHÜTZ, A./HERTEL, J., 2003. Strategien defensiver Selbstdarstellung im Parteispenden- skandal aus psychologischer Sicht. In: BURKHARDT, A./PAPE, K. (Hg.), 2003. Politik, Sprache und Glaubwürdigkeit. Wiesbaden: Westdeutscher Verlag, 87-103.

SCHWARZ, M., 32008. Einführung in die Kognitive Linguistik. Tübingen [u.a.]: Francke (= UTB 1636).

SCHWARZ-FRIESEL, M., 2009. Ironie als indirekter expressiver Sprechakt: Zur Funktion emotionsbasierter Implikaturen bei kognitiver Simulation. In: BACHMANN- STEIN, A./MERTEN, S./ROTH, CH. (Hg.), 2009. Perspektiven auf Wort, Satz und Text: Semantisierungsprozesse auf unterschiedlichen Ebenen des Sprachsystems. Festschrift für Inge Pohl. Trier: Wissenschaftlicher Verlag (= Kola 3), 223-232.

SCHWARZ-FRIESEL, M., 22013. Sprache und Emotion. Tübingen, Basel: Francke (= UTB 2939).

SCHWARZ-FRIESEL, M./CHUR, J., 62014. Semantik: Ein Arbeitsbuch. Tübingen: Narr. SCHWARZ-FRIESEL, M./CONSTEN, M., 2014. Einführung in die Text-linguistik. Darmstadt: Wissenschaftliche Buchgesellschaft.

SCHWARZ-FRIESEL, M./REINHARZ, J., 2013. Die Sprache der Judenfeindschaft im 21. Jahrhundert. Berlin [u.a.]: De Gruyter.

SCHWEER, M., 2003. Vertrauen als Organisationsprinzip: Vertrauensförderung im Spannungsfeld personalen und systemischen Vertrauens. In: Erwägen Wissen Ethik 14, 2, 322-332.

SCHWEER, M., 2008. Vertrauen und soziales Handeln – eine differential-psychologische Perspektive. In: JAMMAL, E., 2008. Vertrauen im interkulturellen Kontext. Wiesbaden: Verlag für Sozialwissenschaften, 13-26.

SCHWEER, M./THIES, B., 2003. Vertrauen als Organisationsprinzip: Perspektiven für komplexe soziale Systeme. Bern: Huber Hans.

SCHWEER, M./THIES, B., 2005. Vertrauen durch Glaubwürdigkeit – Möglichkeiten der (Wieder-)Gewinnung von Vertrauen aus psychologischer Perspektive. In: DERNBACH, B./MEYER, M. (Hg.), 2005. Vertrauen und Glaubwürdigkeit: Interdisziplinäre Perspektiven. Wiesbaden: Verlag für Sozialwissenschaften, 47-63.

SKIRL, H., 2012. Zum Emotionspotenzial perspektivierender Darstellung. In: POHL,I./ ERHARDT, H., 2012. Sprache und Emotion in öffentlicher Kommunikation. Frankfurt a.M. u.a.: Peter Lang (= Sprache System und Tätigkeit 64), 335-362.

SPIEGEL ONLINE, 2014. „Gelber Engel"-Skandal: Kündigungswelle beim ADAC hält an. http://www.spiegel.de/auto/aktuell/adac-skandal-kuendigungswelle-haelt-an- a-968026.html [letzter Zugriff: 30.03.2016].

STÖCKL, H., 1997. Werbung in Wort und Bild. Textstil und Semiotik englischsprachiger Anzeigenwerbung. Frankfurt a. M. [u.a.]: Peter Lang.

STROEBE, W./JONAS, K./HEWSTONE, M., 2002. Sozialpsychologie: Eine Einführung. Berlin [u.a.]: Springer.

SZYSZKA, P., [3]2015a. Bezugsgruppe. In: In: FRÖHLICH, R./SZYSZKA, P./BENTELE, G. (Hg.), [3]2015, 1095-1096.

SZYSZKA, P., [3]2015b. Corporate Identity. In: In: FRÖHLICH, R./SZYSZKA, P./BENTELE, G. (Hg.), [3]2015, 1098-1099.

SZYSZKA, P., [3]2015c. Stakeholder. In: In: FRÖHLICH, R./SZYSZKA, P./BENTELE, G. (Hg.), [3]2015, 1153.

UNGER, F./FUCHS, W., [3]2005. *Management der Marketing-Kommunikation.* Berlin [u.a.]: Springer.

WAGENBLAST, S., 2012. *Vertrauen in Organisationen: Eine qualitative Interviewstudie zu Bildung und Förderung des organisationalen Vertrauens von Beschäftigten in Großunternehmen.* http://www.op-consult.de/uploads/tx_vehikel publications/ Diplomarbeit_Sarah_Wagenblast.pdf [letzter Zugriff am 15.03.2016].

WEHMEIER, S., [3]2015. Organisationsbezogene Ansätze. In: FRÖHLICH, R./SZYSZKA, P./ BENTELE, G. (Hg.), [3]2015, 155-174.

ZERFAß, A./RADEMACHER, L./WEHMEIER, S. (Hg.), 2010. *Organisationskommunikation und Public Relations: Forschungsparadigmen und neue Perspektiven.* Wiesbaden: Springer VS.

ZICK, A., 2004. Soziale Einstellungen. In: SOMMER, G./FUCHS, A. (Hg.), 2004. *Krieg und Frieden: Handbuch der Konflikt- und Friedenspsychologie.* Weinheim: Beltz/Psychologie Verlags Union, 129-142.

9. Quellenverzeichnis

(1)   ADAC, 2014. „Alles Panne?" In: ADAC Motorwelt, 02/2014, 20.

(2)   N.N., 2014. „ADAC-Skandal: ,Gelber Engel' schon seit Jahren manipuliert".
        http://www.spiegel.de/auto/aktuell/adac-skandal-gelber-engel-schon-seit-jahren-
        manipuliert-a-953944.html [letzter Zugriff: 17.07.2016].

(3)   ADAC, 2014. „Wegweiser am Straßenrand". In: ADAC Motorwelt, 02/2014, 74.

(4)   ADAC, 2014. „Noch mehr Engel im Einsatz". In: ADAC Motorwelt, 01/2014, 99.

(5)   ADAC, 2014. „Die Krise als Chance". In: ADAC Motorwelt, 02/2014, 28.

(6)   ADAC, 2014. „Die Krise als Chance". In: ADAC Motorwelt, 02/2014, 27.

(7)   ADAC, 2014. „Frühstart ins Leben". In: ADAC Motorwelt, 02/2014, 86.

(8)   ADAC, 2014. „Alles Panne?" In: ADAC Motorwelt, 02/2014, 21.

(9)   ADAC, 2014. „Frühstart ins Leben". In: ADAC Motorwelt, 02/2014, 87.

(10)   ADAC, 2014. „Sicherheit im Leben". In: ADAC Motorwelt, 04/2014, 56.

(11)   ADAC, 2014. „Die Krise als Chance". In: ADAC Motorwelt, 02/2014, 5.

(12)   ADAC, 2014. „ADAC-Präsidium gibt Startsignal für tiefgreifenden
        Reformprozess". https://presse.adac.de/meldungen/adac/adac-praesidium-gibt-
        startsignal- fuer-tiefgreifenden-reformprozess.html [letzter Zugriff: 17.07.2016].

(13)   ADAC, 2013. „Der Bus ist da!" In: ADAC Motorwelt, 11/2013, 100.

(14)   ADAC, 2014. „Die Krise als Chance". In: ADAC Motorwelt, 02/2014, 22.

(15)   ADAC, 2014. „Die ADAC Mitgliedschaft: Passgenau und zeitgemäß". In:
        ADAC Motorwelt, 01/2014, 95.

(16)   ADAC, 2014. „Alles Panne?" In: ADAC Motorwelt, 02/2014, 22.

(17)   ADAC, 2013. „Kampf um Parkplätze". In: ADAC Motorwelt, 12/2013, 18.

(18)   ADAC, 2014. „Geräumige Pragmatiker". In: ADAC Motorwelt, 03/2014, 28.

(19)   ADAC, 2013. „Kampf um Parkplätze". In: ADAC Motorwelt, 12/2013, 20.

(20)   ADAC, 2014. „Geräumige Pragmatiker". In: ADAC Motorwelt, 03/2014, 28.

(21)   ADAC, 2014. „ADAC-Mobilität für Deutschland". In: ADAC Motorwelt,
        01/2014, 8.

(22)   ADAC, 2014. „Wo die Punkte wohnen". In: ADAC Motorwelt, 04/2014, 55.

(23)   ADAC, 2014. „Hiergeblieben!" In: ADAC Motorwelt, 04/2014, 84.

(24)   ADAC, 2013. „Jede Stimme zählt". In: ADAC Motorwelt, 11/2013, 58.

(25)   ADAC, 2014. „Ärger bei Mängeln". In: ADAC Motorwelt, 01/2014, 38.

(26)   ADAC, 2014. „Tödliche Müdigkeit". In: ADAC Motorwelt, 02/2014, 45.

(27)   ADAC, 2014. „Probleme mit E-Vignette in Ungarn häufen sich". In: *ADAC Motorwelt*, 02/2014, 62.

(28)   ADAC, 2014. „Die Abkassierer". In: ADAC Motorwelt, 01/2014, 36.

(29)   ADAC, 2014. „Gefährliche Ladung". In: ADAC Motorwelt, 02/2014, 48.

(30)   ADAC, 2013. „Viermal die Rote Karte". In: ADAC Motorwelt, 11/2013, 30.

(31)   ADAC, 2013. „BMW hängt alle ab". In: ADAC Motorwelt, 11/2013, 66.

(32)   ADAC, 2014. „Alles Panne?" In: ADAC Motorwelt, 02/2014, 20.

(33)   ADAC, 2014. „Einmal Weltrekord bitte!" In: ADAC Motorwelt, 02/2014, 93.

(34)   ADAC, 2014. „Leben schützen". In: ADAC Motorwelt, 03/2014, 1.

(35)   ADAC, 2014. „Keine Kompromisse". In: ADAC Motorwelt, 04/2014, 42.

(36)   ADAC, 2013. „Leichtes Spiel für Tacho-Mafia". In: ADAC Motorwelt, 11/2013, 69.

(37)   ADAC, 2014. „Das nervt auf der Autobahn". In: ADAC Motorwelt, 03/2014, 41.

(38)   ADAC, 2014. „So sauber kann ein Porsche sein". In: ADAC Motorwelt, 01/2014, 83.

(39)   ADAC, 2014. „Sonnenstudios auf Rädern". In: ADAC Motorwelt, 04/2014, 27.

(40)   ADAC, 2013. „Stromzwerg ganz groß". In: ADAC Motorwelt, 11/2013, 50.

(41)   ADAC, 2013. „Drei Autos, ein Ziel". In: ADAC Motorwelt, 12/2013, 36.

(42)   ADAC, 2014. „Achtung, Rutschgefahr!" In: ADAC Motorwelt, 01/2014, 73.

(43)   ADAC, 2014. „Probleme mit E-Vignette in Ungarn häufen sich". In: ADAC Motorwelt, 02/2014, 62.

(44)   ADAC, 2013. „Der Bus ist da!" In: ADAC Motorwelt, 11/2013, 100.

(45)   ADAC, 2014. „Alles Panne?" In: ADAC Motorwelt, 02/2014, 20.

(46)   ADAC, 2014. „Gläserner Autofahrer". In: ADAC Motorwelt, 04/2014, 20.

(47)   ADAC, 2014. „Alles Panne?" In: ADAC Motorwelt, 02/2014, 20.

(48)   ADAC, 2014. „Leben schützen". In: ADAC Motorwelt, 03/2014, 20.

(49)   ADAC, 2014. „Die Krise als Chance". In: ADAC Motorwelt, 02/2014, 28.

(50)   ADAC, 2014. „Gefährliche Ladung". In: ADAC Motorwelt, 02/2014, 50.

(51)   ADAC, 2014. „Keine Kompromisse". In: ADAC Motorwelt, 04/2014, 36.

(52)   ADAC, 2014. „Wege zur Erneuerung". In: ADAC Motorwelt, 04/2014, 76.

(53)   ADAC, 2014. „Geräumige Pragmatiker". In: ADAC Motorwelt, 03/2014, 32.

(54)   ADAC, 2014. „Geräumige Pragmatiker". In: ADAC Motorwelt, 03/2014, 32.

(55)   ADAC, 2014. „Ein gutes Gefühl". In: ADAC Motorwelt, 04/2014, 62.

(56)   ADAC, 2014. „Die Krise als Chance". In: ADAC Motorwelt, 02/2014, 4.

(57)   ADAC, 2014. „Leben schützen". In: ADAC Motorwelt, 03/2014, 19.

(58)   ADAC, 2014. „Leben schützen". In: ADAC Motorwelt, 03/2014, 20.

(59)   ADAC, 2014. „Leben schützen". In: ADAC Motorwelt, 03/2014, 20.

(60)   ADAC, 2014. „Wege zur Erneuerung". In: ADAC Motorwelt, 03/2014, 76.

(61)   ADAC, 2014. „Ein gutes Gefühl". In: ADAC Motorwelt, 04/2014, 76.

(62)   ADAC, 2014. „Die Krise als Chance". In: ADAC Motorwelt, 02/2014, 4.

(63)   ADAC, 2014. „Die Krise als Chance". In: ADAC Motorwelt, 02/2014, 4.

(64)   ADAC, 2014. „Wege zur Erneuerung". In: ADAC Motorwelt, 04/2014, 77.

(65)   ADAC, 2014. „Die Krise als Chance". In: ADAC Motorwelt, 02/2014, 4.

(66)   ADAC, 2014. „Die Krise als Chance". In: ADAC Motorwelt, 02/2014, 4.

(67)   ADAC, 2014. „Der ADAC als Verein". In: ADAC Motorwelt, 04/2014, 76.

(68)   ADAC, 2014. „Alles Wichtige zum Mitgliedsbeitrag". In: ADAC Motorwelt, 04/2014, 62.

(69)   ADAC, 2014. „Die Krise als Chance". In: ADAC Motorwelt, 02/2014, 4.

(70)   ADAC, 2014. „Die Krise als Chance". In: ADAC Motorwelt, 02/2014, 4.

(71)   ADAC, 2014. „Wege zur Erneuerung". In: ADAC Motorwelt, 03/2014, 76.

(72)   ADAC, 2014. „Wege zur Erneuerung". In: ADAC Motorwelt, 03/2014, 76.

(73)   ADAC, 2014. „Wege zur Erneuerung". In: ADAC Motorwelt, 03/2014, 76.

(74)   ADAC, 2013. „Editorial". In: ADAC Motorwelt, 11/2013, 3.

(75)   ADAC, 2013. „Die Maut-Lügen". In: ADAC Motorwelt, 12/2013, 28.

(76)   ADAC, 2014. „Der Maut-Stau". In: ADAC Motorwelt, 01/2014, 10.

(77)   ADAC, 2013. „Der Bus ist da!" In: ADAC Motorwelt, 11/2013, 100.

(78)   ADAC, 2013. „Himmlische Helfer". In: ADAC Motorwelt, 12/2013, 67.

(79)   ADAC, 2014. „Keine Kompromisse". In: ADAC Motorwelt, 04/2014, 36.

(80)   ADAC, 2013. „Himmlische Helfer". In: ADAC Motorwelt, 12/2013, 66.

(81)   ADAC, 2014. „Frühstart ins Leben". In: ADAC Motorwelt, 02/2014, 86.

(82)   ADAC, 2013. „Der Verkehrskollaps". In: ADAC Motorwelt, 11/2013, 21.

(83)   ADAC, 2014. „Alles Panne?" In: ADAC Motorwelt, 02/2014, 20.

(84)   ADAC, 2014. „Leben schützen". In: ADAC Motorwelt, 03/2014, 18.

(85)   ADAC, 2014. „Leben schützen". In: ADAC Motorwelt, 03/2014, 20.

(86)   ADAC, 2013. „Kampf um Parkplätze". In: ADAC Motorwelt, 12/2013, 18 f.